Padres que crían hijas

VIVIR MEJOR

Nigel Latta

PADRES QUE CRÍAN HIJAS

Más que amigos y guías

Traducción de Mariana Hernández

VERGARA

BARCELONA · MÉXICO · BOGOTÁ · BUENOS AIRES · CARACAS
MADRID · MIAMI · MONTEVIDEO · SANTIAGO DE CHILE

Título original: *Fathers Raising Daughters*

Primera edición en inglés por
HarperCollins Publishers New Zealand Limited, en 2010;
publicado por acuerdo con HarperCollins Publishers
de Nueva Zelanda

Padres que crían hijas, más que amigos y guías
Primera edición en Ediciones B, mayo de 2012

D. R. © 2010, Nigel LATTA
   El autor afirma su derecho a ser identificado como el único
   responsable de este trabajo
D. R. © 2012, Mariana HERNÁNDEZ, por la traducción
D. R. © 2012, EDICIONES B MÉXICO, S. A. de C. V.
   Bradley 52, Anzures DF-11590, México
   www.edicionesb.mx
   editorial@edicionesb.com

ISBN: 978-607-480-317-4

Impreso en México | *Printed in Mexico*

índice

Miel sobre hojuelas…
y un poco de napalm

E LLA SE VEÍA TAN DULCE como el jarabe de miel de maple, sentada ahí, con *jeans* de diseñador y una playera rosa que mostraba demasiada piel para una niña de trece años; pero he hecho esto durante el tiempo suficiente para saber que los libros y las portadas tienen sólo una ligera asociación entre sí.

Así como es verdad que si uno está perdido en el bosque es bueno evitar los frutos rojos porque probablemente sean los más venenosos, es bueno tener cuidado con las chicas aniñadas: probablemente son las que más muerden.

Su papá y su mamá la trajeron; aunque quizá sea más preciso decir que la arrastraron y la convencieron con una mezcla de amenazas, sobornos y ruegos. La mamá estaba atorada en el tráfico, así que por el momento sólo estábamos nosotros tres.

Kara, bendita sea, había descubierto recientemente que podía salirse con la suya cuando quisiera si usaba el simple método de imponer terror a sus padres. Sencillamente, aún no tenía la edad para apreciar que podía haber una buena razón para que ellos se aterraran cuando los amenazaba con irse de la casa cada vez que ellos trataban de hacer frente a sus incesantes demandas.

—Bueno, Peter, creo que Amanda se va a tardar un rato, entonces, ¿por qué no damos la patada inicial? —le dije a su padre—. ¿Qué los trae por aquí hoy?

El papá volteó a ver a Kara, quien giró los ojos con aburrimiento y se dejó caer en su asiento, aparentaba un absoluto desinterés y, al mismo tiempo, disfrutaba cada instante del drama:

—Hemos tenido algunos problemas en casa.

Kara lo miró y adoptó una continua, desdeñosa y muy bien practicada cara de burla.

—¿Qué problemas? —pregunté.

—Parece que no estamos de acuerdo en nada.

—*No* —interrumpió Kara, y la malevolencia en su voz hubiera hecho que una víbora venenosa se estremeciera—. No es cierto, papá.

—Bueno, parece que hemos discutido demasiado en estos días.

—¿Y?

—Que no ha sido muy agradable para mí o para tu mamá, y estoy seguro de que no es muy agradable para...

—Bueno, si mamá no fuera una *cabrona* no terminaríamos discutiendo todas las veces.

Podía ver que Kara estaba empezando a estallar. En mi experiencia, las chicas de trece años se parecen a la dinamita que ha estado bajo el sol durante demasiado tiempo: empiezan a gotear gelinita después de un rato y sólo se necesita un pequeño golpe para que todo vuele por los aires.

—Por favor, no hables así de tu madre —dijo Peter.

Para la mayoría de nosotros, eso no sería un golpe. Peter lo dijo con firmeza, pero con calma. No la insultó, ni la amenazó, ni siquiera alzó la voz. Hasta dijo «por favor». Sin embargo, Kara no tomó en cuenta nada de eso, ella estaba buscando cualquier pretexto y ese serviría tan bien como cualquier otro.

—¡Jódete! —dijo levantándose de un salto, estallando en llanto y adoptando una postura de mártir, todo al mismo tiempo—. Tú eres igual que ella. Siempre te pones de su parte y nunca me escuchas. Entonces: jódete, no tengo por qué quedarme a escuchar esto.

Antes de que Peter pudiera decir una palabra, salió furiosa del consultorio, azotó la puerta con la suficiente fuerza como para que la pared detrás de mí temblara.

Los dos nos quedamos sentados ahí mientras el polvo, literal y figuradamente, se asentaba a nuestro alrededor. Peter tenía una cara que he visto muchas veces a lo largo de los años: una curiosa mezcla de mandíbula desencajada, confusión y consternación absoluta.

—¿Sabes de dónde viene el nombre del napalm? —le pregunté. (Una de las cosas buenas de trabajar con hombres es que uno puede asumir que saben qué es el napalm.)

—¿Disculpa?

—El napalm. ¿Sabes de dónde viene su nombre?

Sacudió la cabeza: «No.»

—En realidad, viene de dos ingredientes que usan para transformar la gasolina en gel: sales nafténicas y palmíticas: na-palm.

—¿En serio?

—Sí. La parte nafténica viene del petróleo crudo y la palmítica de las plantas, aceite de palma. De hecho, la primera vez que lo usaron fue en la Segunda Guerra Mundial, el 17 de julio de 1944, cuando lo arrojaron en un vertedero de combustible en Francia. ¿Y sabes cuál es el secreto del buen napalm?

—Tiene que ser pegajoso —respondió Peter.

—Exactamente —dije, pensando una vez más en lo maravilloso que es trabajar con hombres que sepan de cosas como qué hace al napalm tan especial—. En ese entonces, el problema había sido que si lanzaban bombas incendiarias la cosa reventaba y se esparcía por todo el lugar y se acababa demasiado rápido. Necesitaban algo que se pegara y quemara.

—Yo sé lo que se siente —dijo—. Ella nos echa napalm todo el tiempo.

—Criar una hija puede ser algo confuso —dije mientras él asentía lentamente, de acuerdo conmigo—. Todos hablan siempre de la miel sobre hojuelas, pero nadie habla del napalm.

—La mitad del tiempo no tengo idea de qué le pasa —dijo—. No estaba tan mal cuando era pequeña, pero ahora... Dios santo. ¿Por qué no escribe alguien un libro que nos diga a los pobres padres confundidos lo que pasa por la cabeza de una niña?

—Bueno, de hecho —dije—, eso es lo que estoy haciendo ahora, y creo que ustedes podrían ser el prefacio que estaba buscando.

Se rió.

—¿Y de qué se trata el libro?

—Es como una guía para padres que están criando hijas. Explico por qué las chicas se sienten tan diferentes cuando en realidad no han cambiado tanto, y algunos de los grandes consejos de qué hacer o qué no hacer que he aprendido de todos los padres e hijas que he visto a lo largo de los años.

—¿Como cuáles?

—Bueno, cosas como «no seas una niña grande».

Peter se rió otra vez.

—¿Qué significa eso?

—Significa que sólo porque tienes una niña no tienes que comportarte como una de ellas para criarla.

—Gracias a Dios —dijo—. Si yo fuera un poco más como ella, entonces nuestra casa se reduciría a ruinas humeantes después de unos días. —En ese momento, Amanda, que había resuelto sus problemas de tráfico, entró a la oficina.

—¿Dónde está Kara? —preguntó.

—¿Sabías que el napalm está hecho de aceite de palma?

—¿El na... qué?

Peter y yo nos miramos con esa fraternidad masculina que sólo resulta de compartir información técnica sobre bombas incendiarias.

Es cosa de hombres. Interesante, también este libro.

1

Zombis y tacones altos

ACEPTÉMOSLO, las mujeres de nuestra vida son un absoluto misterio, al menos para la mayoría de nosotros. Hacemos como que las entendemos, porque si no lo hiciéramos tendríamos problemas, pero en realidad son bastante confusas. Por ejemplo, se regodean contándonos una y otra vez sobre las múltiples y complejas tareas que llevan a cabo en su vida cotidiana, cosas como levantar a los niños, vestirlos, alimentarlos, revisar que hagan la tarea, que se cepillen el cabello y los dientes, que arreglen sus mochilas, llevarlos a la escuela, comprar la despensa ajustándose al presupuesto, lavar la ropa, remendarla y ponerla en su lugar, hacer las citas médicas, recoger a los niños sanos y salvos de la escuela y después dejarlos en la actividad extraescolar correcta, revisar que hagan más tarea, preparar y servir las comidas, ver que se laven los dientes, leerles cuentos, meterlos a la cama a salvo, realizar tareas administrativas variadas y, aparte de todo, dicen que pueden recordar cumpleaños, colores favoritos, nombres de maestras, nombres de amigos, alergias, cortes de cabello, el momento de la próxima marea alta y el ciclo de la luna y, además de todo, trabajar ya sea medio tiempo o tiempo completo... Y sin embargo, ponlas frente a un carro con una llanta ponchada y se quedan atónitas. Con una llanta ponchada, muchas mujeres llamarían al seguro automovilístico o a su pareja, o a ambos.

En serio, si pueden hacer múltiples tareas tan bien, ¿cómo pueden tener tantos problemas con las llantas? No es difícil, ¿o sí? Es decir, no es como cambiar el cableado del Transbordador Espacial o extraer un tumor cerebral. Es tan fácil como levantar el coche con un gato, aflojar las tuercas, sacar la llanta ponchada, meter la llanta de refacción, apretar las tuercas, bajar el gato.

Trabajo terminado.

Justo ayer, recibí al respecto un correo electrónico muy divertido que proponía una nueva serie de *Survivor* en la que unos papás se quedan en una isla con tres niños y tienen que hacer lo que las mamás hacen todos los días. Circulaba entre los amigos de mi esposa, y le ponían una :) e incluso comentaban que se reían a carcajadas de lo listas que son las mamás y lo completamente inútiles que son los papás. Ahora, para ser justos, aunque el correo era gracioso y yo mismo me reí mucho, constantemente me sorprende cómo el bello sexo piensa por defecto que es el más inteligente.

Una persona inteligente no usaría tacones altos.

Sin duda alguna, los tacones, como accesorios de zapatería, son ridículos. Apenas se puede caminar con tacones, ya no se diga correr. Cuando los veo, pienso que es una locura usar algo que no sólo hace que te duelan los pies, sino que además hace que sea virtualmente imposible escapar de los zombis. Parece que las mujeres no piensan mucho en zombis, lo cual, estarás de acuerdo conmigo, demuestra una visión un poco corta.

Y me encanta cuando las mujeres dicen que usan tacones, maquillaje y toda la parafernalia por nosotros, los hombres. Aparentemente no los usarían si nosotros no quisiéramos que lo hicieran.

¿De verdad?

Verás, si las mujeres me hicieran colectivamente una petición para que use zapatos de tacón, o un traje de pollo, o incluso un bigote falso, simplemente diría que no.

—Nos gustaría que usaras zapatos tontos que te lastimen los pies —pedirían.

—No —diría.

—¿Por qué no? —preguntarían.

—Por los zombis.

—¿Qué?

—Por los zombis. No voy a usar tacones porque no puedo correr con ellos, lo que no estaría mal si los zombis fueran lentos, del tipo británico, pero si resulta que son del tipo estadounidense, rápidos y aterradores, entonces me comerían si yo tratara de correr con esas cosas.

No lo entenderían.

Zombis y tacones altos: dos cosas que sencillamente no van juntas.

*
* *

Los hombres y las mujeres son bastante distintos, ¿no? Bueno, más o menos, pero ya llegaremos a ello después. En la superficie, sin embargo, evidentemente hay muchos elementos que sustentan la idea de que vivimos en planetas diferentes.

Ir de compras es uno de ellos. A la mayoría de las mujeres les gusta ir de compras. Ni siquiera tienen que comprar algo. Simplemente les gusta mirar. Yo odio mirar. La mayoría de los hombres lo odian. Las únicas tiendas en las que sólo mirar es entretenido son las librerías y las tiendas de electrónica. Todas las demás apestan un poco.

Otra diferencia es el millón de variaciones de esa conversación que tiene lugar en cafés, salas, recámaras y automóviles todos los días cuando hacemos la pregunta que todos alguna vez hemos hecho:

—¿Estás enojada conmigo?

—No.

—¿Segura?, porque parece que estás enojada.

—Pues no estoy enojada.

—¿Fue lo que dije de recoger el correo?

—No.

—¿Fue porque en la mañana no puse los platos en el fregadero?

—Nop.

—¿Fue por lo que le dije a tu papá por teléfono en la mañana?

—No, no fue eso. ¿Cómo podría ser eso? No dijiste nada malo.

Mierda, piensas, *sí fue lo que le dije a su papá.*

—¿Qué? ¿Qué le dije?

—Nada.

—No, es algo. Ya sé lo que significa «nada» y no es esto. Esto es algo.

Ella se encoge de hombros. *Mierda.*

—Fui absolutamente amable. No dije nada grosero de ninguna manera.

—Exactamente —dice, con esa inflexión particular en el tono que muestra la buena voluntad que una bota tendría con una hormiga—. No dijiste *nada* malo, en lo absoluto.

Aquí es cuando haces un rápido análisis tratando de descifrar lo que pudo ocurrir en lo que creíste una conversación perfectamente normal y que ocasionó este claro y grave peligro.

Y es entonces cuando te acuerdas de que estabas viendo algo en la tele cuando tu suegro llamó, y que le pasaste a ella el teléfono con rapidez.

Finalmente, entiendes todo.

—¿Piensas que fui cortante con él?

Y ella no te dice nada, sólo el silencio de piedra que es la forma como las esposas le dicen a sus maridos, sin usar una sola palabra, que finalmente comprendieron.

Ahora, todo está bien y bonito, porque amamos a las mujeres de nuestra vida a pesar de que a veces son difíciles de comprender, y aceptamos los siguientes momentos de sombría confusión como el precio que hay que pagar por vivir con alguien que no es hombre. También está el hecho de que una relación es un uno a uno, así que las incomodidades, por lo menos, parecen ser justas.

Pero, ¿qué pasa cuando tienes una hija? ¿Entonces qué? A la mayor parte de los papás, cuando saben que va a tener una niña, le viene a la mente la perturbadora certeza de que ahora estará en desventaja numérica. Ahora serás la minoría en tu propia vida.

Para siempre.

Lástima.

Quizá no sea sorprendente que numerosos estudios muestren —a nivel general— que los hombres prefieren tener hijos y que las mujeres prefieren tener hijas. Muchas de las teorías al respecto giran en torno a que cada sexo se siente más cómodo con los de su misma clase. Mi teoría es que en realidad eso no tiene nada que ver. Yo creo que se trata de números. Creo que se trata de votos.

¿Y, por qué los votos son importantes? Porque cuando en el videocentro hay que tomar una decisión entre ver *La película de la fiesta del poni acaramelado esponjoso y amoroso de Barbie 2* o *Los piratas del Caribe*, los votos cuentan. En este punto, todo se decide con levantar la mano y, si eres minoría, va a ganar una película cursi de ponis mágicos y hadas y la maldita Barbie.

Si estás en desventaja numérica en tu casa, simplemente tienes que aceptar el sufrimiento de ver un montón de películas realmente tontas. Desafortunadamente, no hay nada que se pueda hacer al respecto. Podría decirte una tontería como que si le das una oportunidad y llegas a la noche familiar de películas con el corazón abierto y lleno de curiosidad aprenderás más del mundo de las niñas y tendrás un momento que atesorar.

No lo haré.

Sólo va a ser una tarde desperdiciada en la que verás una película realmente tonta.

Así que estás casi completamente solo en este aspecto de la crianza de las niñas. Sin embargo, respecto a todo lo demás se puede hacer algo.

Este libro no va a ser largo, así que no voy a seguir con cosas inne-
cesarias. La razón por la que voy a hacerlo corto y (relativamente)
directo al grano, es por que es un libro para hombres, y en general
no nos gustan los rodeos y los adornos. A mí no; incluso me enca-
brona que la gente dé rodeos.

Ve al grano, maldita sea, es lo que usualmente estoy farfullando
en mi cabeza.

*
* *

Si eres un papá que está criando solo a una niña, este libro te será
particularmente útil. Ser padre soltero es un trabajo duro, pero es
particularmente difícil si educas a una criatura que está en el otro
bando. Probablemente tengamos una idea de lo que los niños piensan y de cómo funcionan, pero ¿las niñas? ¿Quién puede saber lo
que pasa en la cabeza de una niña?

Afortunadamente, al menos en mi humilde opinión, hay algunos principios básicos que puedes seguir y que te ayudarán a sortear
algunas de las cosas de las niñas que parecen confusas, y algunos
consejos útiles para sacarte del hoyo en el que te metiste si ya te
desviaste un poco del camino.

Otra parte difícil del asunto, si eres un tipo que está educando
niñas, es todo lo relativo a la pubertad. Bueno, relájate (tanto como
puedas), porque voy a revisar punto por punto a detalle, probablemente con más detalle del que te gustaría, pero así tiene que ser. Vas
a tener que aprender de «cosas de mujeres», y no sólo teóricamente,
sino también las partes más sucias y desagradables. Si tú eres el que
tiene que hablarles de los pajaritos y las florecitas, y, más especí-
camente, los pequeños detalles de «esos días del mes», tienes que
saber cómo hacerlo.

Como eres un papá, también voy a ayudarte a leer este libro bajo
coacción. He estado en el asunto de la crianza el tiempo suficiente

para saber que la mayoría de la gente que lee libros para padres son mamás. Evidentemente, habrá padres solteros que los lean por sí mismos, pero también habrá un contingente de papás que no los lean voluntariamente, sino por obligación. Lo que usualmente pasa es que la mamá compra el libro, lo lee y después le lee al papá largas secciones en voz alta. Si esas probaditas son lo suficientemente graciosas, y lo suficientemente útiles, después el papá lee el libro. No es que no nos importe o que no nos interesen nuestros hijos, yo creo que los papás simplemente tienen un enfoque diferente de la crianza. Tendemos a pensar que no puede ser tan difícil y que casi nada puede salir mal. En general, es bastante cierto. La mayoría de nosotros lo supera, unos con más cicatrices que otros, pero todos solemos llegar al otro lado.

Una vez dicho esto, puede ser que a ti te pusieran el libro enfrente con la esperanza de que lo leyeras. Si ese es el caso, entonces hice un esfuerzo especial para facilitarte que hagas trampa: al final de cada capítulo incluí unas listas útiles que resumen el tema principal.

De cualquier modo, si quieres, lee el libro completo —después de todo, me tomé la molestia de llenarlo íntegramente con palabras y anécdotas que pueden ser tanto entretenidas como prácticas—, pero si no es lo tuyo y sólo quieres obtener lo necesario para que parezca que lo leíste, entonces siéntete libre de leer las partes finales superficialmente.

En este punto también tengo que declarar que yo no tengo hijas. Ni una sola. En realidad, tengo todo lo contrario: dos niños. Para ser completamente honesto, que probablemente sea lo mejor a estas alturas, estoy muy contento de tener niños. No es porque crea que los niños son mejores que las niñas, o porque crea que son más fáciles —no lo son, sólo son diferentes— la verdad, sólo es porque le ganamos en número a su mamá, y así, cuando hay que votar por cuál DVD rentamos un viernes en la noche, lo más probable es que no sea ninguna de hadas, ponis o barbies. A menos, claro, que sea una película de algo que come hadas, ponis o barbies, que sería bastante genial. En cualquier caso estoy muy contento de tener hijos, porque me opondría a ver películas para niñas.

Podría verlas, pero me opondría.

Entonces, ¿si yo mismo no tengo hijas, cómo podría entender las necesidades de los papás en cuanto a la crianza de las niñas? Bueno, primero porque he pasado mucho tiempo trabajando con padres e hijas. En el transcurso de los últimos 20 años, he visto montones. He visto de todo, desde princesas hasta malvados demonios femeninos. He visto niñas dulces y niñas salvajes, y todos los tipos entre una cosa y otra. Algo que he aprendido en el camino es que todo eso del «sexo débil» es una sarta de pendejadas. Puede que todo sea miel sobre hojuelas, pero de vez en cuando también encontrarás cosas como napalm y trampas para osos. Bueno, ya llegaremos a ello más adelante; por ahora, debes saber que, aunque no haya educado a una niña, he pasado más tiempo que la mayoría, con más familias que la mayoría, y a lo largo del camino he aprendido una o dos cosas de lo que es importante y de lo que no lo es en cuanto a la crianza de estos pequeños seres humanos hechos de miel sobre hojuelas, y napalm, e incluso trampas para osos.

También hay otra cosa que tienes que tener en cuenta, y es algo que siempre digo en mis libros y conferencias, y también en mis sesiones con padres: esto es simplemente lo que yo pienso. No está grabado en piedra y no estoy necesariamente seguro de tener la razón. Es simplemente lo que yo pienso. Tienes que sopesar lo que yo diga y ver si se ajusta a ti y a tu familia. Por el amor de Dios, no creas en algo sólo porque está escrito en un libro. He leído muchas cosas en libros para padres que sólo son las opiniones locas de alguien disfrazadas de hechos. Aun peor, he visto montones de libros en los que se ponen cosas como «las investigaciones muestran que...» y luego siguen con un punto escandalosamente forzado basado en esas «investigaciones», pero completamente injustificado. Expondré con más profundidad a qué me refiero en el capítulo 7.

Hice todos los esfuerzos posibles para darte explicaciones honestas de lo que las investigaciones relevantes sobre las niñas dicen, pero no lo creas solamente porque yo lo digo.

Una buena medida de escepticismo es siempre necesaria cuando alguien te dice cómo debes criar a tus hijos. La crianza no es una ciencia exacta, y no es blanca o negra. *Sospecha* seriamente de *cualquiera* que te diga que lo es.

Mi proyecto, por si acaso, es bastante simple. Creo que ser padre se ha convertido en algo ridículamente complicado. Creo que pensamos demasiado en ello, que nos preocupamos por cosas que realmente no importan, y que todos necesitamos calmarnos un poco. Pienso que los niños están sobreprotegidos y sobrecontrolados, y que tenemos que hacernos un poco a un lado y dejar que descubran cosas por ellos mismos. Cuando yo era niño, si me aburría, mis padres simplemente me decían que saliera a jugar.

E, increíblemente, lo hacía.

Aun más increíblemente, no perdí un ojo, ni me sentí descuidado, ni sufrí traumas por abandono, ni me secuestraron unos pedófilos, ni me volví adicto a las metanfetaminas. Solamente salía a jugar.

En nuestros días, nos cernimos alrededor de nuestros hijos como si fueran de cristal. No lo son, y el mundo no es más peligroso ahora que era cuando éramos niños. En todo caso, ser niño nunca ha sido seguro. ¿No me creen? Bueno, ya llegaremos a ello, por ahora sólo déjame decirte que no hay viejos asquerosos en cada rama esperando atrapar a cada niño que ven; y tus hijas, y mis hijos, tienen que salir al mundo y vivir sus vidas tal como nosotros lo hicimos cuando teníamos su edad.

Mi proyecto es que no pienses de más, porque el asunto de criar niños no es para nada tan difícil y delicado como nos lo han hecho creer.

*
**

Una última cosa antes de seguir. Si ya leíste *Madres que crían hijos* (*Mothers Raising Sons*) te darás cuenta de que hay algunas secciones de este libro que también están en aquel. No se debe a que me haya quedado sin cosas que decir, sino que algunas de esas cosas son tan importantes para los papás que crían hijas como para las mamás que crían hijos. Podría no haberlo puesto en este porque ya estaba en aquel. Digo esto porque no quiero que te enojes y pienses que traté de llenar páginas colando ese material. Está aquí porque tiene que estar aquí.

Muy bien, basta de preámbulos, es hora de seguir con el verdadero asunto.

2

Lo que los papás quieren

CUANDO ESCRIBÍ ESTE CAPÍTULO en *Madres que crían hijos* fue bastante más largo. El motivo es que, en lo que se refiere a la crianza de los hijos, las madres tienen muchos más deseos que los padres. Esto no significa que los quieran más que nosotros, sino que las mamás tienden a preocuparse por muchas más cosas. Nosotros, por otro lado, tenemos necesidades más simples. Sólo queremos vivir una vida tranquila, sin meternos en problemas y sin que nadie se enoje con nosotros.

Por supuesto que los padres quieren que sus hijas —y sus hijos para el caso— sean sanas, felices y exitosas, pero, sobre todo, no quieren tener problemas. Por eso, simplemente aceptamos muchas de las peticiones de nuestras esposas o parejas sobre muchas de las tareas domésticas de rutina, como colgar el tapete del baño. No lo colgamos porque pensemos que ellas tienen razón, o porque pensemos que es mejor colgarlo, lo colgamos simplemente porque es más fácil. Simplemente el fastidio que implicaría defender no colgarlo no vale la pena.

Lo sorprendente es que las mujeres de nuestra vida frecuentemente no entienden este sencillo punto. Piensan que lo hacemos porque estamos convencidos del valor moral inherente en colgar el tapete del baño.

Nop. Simplemente el fastidio que resultaría de *no* colgarlo no vale la pena.

Es bastante similar en lo que toca a los hijos y, especialmente, a las hijas, y más especialmente a las hijas adolescentes. Vamos a tomarnos un tiempo en el asunto de la hija adolescente, porque para la mayoría de los papás es ahí donde las cosas se ponen complicadas. La primera etapa usualmente es bastante sencilla porque la mayoría de las niñas chiquitas piensan que sus papás son maravillosos. Lo que viene después es lo que les causa a los papás la mayor parte de los problemas.

Primero vienen las hormonas, después vienen los dramas, después viene la arrolladora urgencia de correr. Sospecho que la mayoría de los hombres que huye de sus viejas vidas para unirse a la Legión Extranjera Francesa lo hace para escaparse de sus difíciles hijas adolescentes. Es una reacción un poco drástica. Si no me creen, busquen «Legión extranjera» en Youtube y lo verán; aunque puede sonar romántico y un poco tentador si tienen un caso grave de hija-adolescentitis, hay medidas bastante menos drásticas para controlar las cosas.

Otra cosa que muchos papás con hijas quieren es impedir que estas se enganchen con idiotas. Puede sonar un poco paternalista, pero es difícil ser el *pater* y no sentirse un poco paternalista. Creo justo decir que casi todos los papás sienten una desconfianza inherente hacia los muchachos, sobre todo por la deslumbrante y obvia razón de que todos fuimos uno, y por lo tanto sabemos que detrás de todos los «por favor» y «gracias» sólo están interesados en una cosa.

No está bien.

No está nada bien.

Peor aún, eventualmente ella se casará con uno de ellos, o terminará viviendo con él. A veces es difícil saber qué es peor. También sabemos, por haber sido el muchacho, que los padres empiezan a perder influencia sobre las vidas de sus hijas conforme progresa el juego. Un día, ella lo escuchará más a él que a ti, lo que forzosamente da pie a la pregunta de cómo le impides que termine con un idiota.

Es complicado, pero puede hacerse.

Así que, básicamente, en mi opinión, eso es todo lo que los papás quieren para sus hijas: que sean felices, sanas y exitosas (como sea que ellas lo definan), y que no terminen viviendo con algún idiota. ¿Es demasiado pedir?

DATOS RELEVANTES DE
LO QUE LOS PAPÁS QUIEREN

✓ Queremos que nuestros hijos sean felices y sanos

✓ Queremos televisiones grandes de pantalla plana y libertad para ver lo que nos interese e, incluso, lo que no nos interese

✓ Sobre todo, básicamente no queremos tener problemas

✓ Y no queremos que nuestras hijas terminen con un idiota

Niñas, libros para padres y «expertos en crianza» que escriben libros para padres sobre niñas

H E AQUÍ UN DILEMA al que constantemente me enfrento: realmente creo que el motivo por el cual casi todos los padres han perdido la confianza en sí mismos y en su propio juicio es por todos los malditos «expertos» que nos dicen que hacer. Hay demasiados malditos libros para padres y demasiados malditos programas para padres en la tele. Y aún así me veo obligado a escribir libros como este y a hacer ocasionalmente programas para padres en la tele.

Espera, estarán pensando, si tú escribes estas cosas, ¿cómo puedes decir que los libros para padres son el problema?

Fácil. Lo acabo de decir. Justo ahora.

Pues, ¿no te parece... gracioso? Te estás quejando de que hay demasiados libros para padres y tú estás en el negocio de escribir los malditos libros.

Dímelo a mí.

Entonces, ¿por qué lo haces?

Básicamente, porque soy bastante flojo.

¿A qué te refieres?

A que soy flojo. Me di cuenta de que en realidad sólo había dos formas de decirles a las mamás y a los papás ordinarios que, en mi humilde opinión, las cosas han enloquecido un poco. La primera era llamar a todos y tener una conversación por teléfono, lo que tomaría muchísimo tiempo y conllevaría problemas de lengua. La otra forma era ponerlo todo en libros y un poco en la tele. En todos los aspectos, la segunda opción parecía una forma mucho más fácil de hacerla.

¿Pero para qué necesitamos otro libro para padres?

No lo necesitamos.

¿Qué?

No lo necesitamos. En realidad, no. La verdad es que la mayoría de la gente hace un trabajo bastante bueno educando a sus hijos. Y la mayoría de los niños terminan bien al final.

¿Entonces para qué escribes uno más?

Porque, paradójicamente, la mejor forma de decirle a la gente que no necesita un libro para criar a sus hijos es escribir un libro donde eso se diga. Además, a lo largo de los años he hablado con muchos padres inteligentes que me han dicho todo tipo de cosas interesantes y es agradable compartirlas con todos los demás.

¿Así que no le vas a decir a la gente cómo criar a sus hijas?

No, no lo haré; salvo cuando lo haga. También digo que no debes creer necesariamente en todo lo que diga hasta que tú mismo lo hayas puesto en práctica para ver si se ajusta a tu situación. Tú eres el único que está criando a tus hijos, así que tienes que cuestionar todo lo que la gente te diga que es bueno o no para ellos. En el mejor de los casos, sólo te dan su opinión; nada más y nada menos. Tú mismo tienes que decidir cuánto peso le das a su opinión.

*
* *

También creo que es importante resaltar en dónde estoy parado exactamente en el asunto de las niñas. Es importante porque estoy escribiendo un libro sobre cómo criar niñas. En los libros para padres siempre hay una ideología de fondo, una visión del mundo que se presenta clara u ocultamente; en cualquier caso, dan pistas útiles y difunden las sugerencias de los escritores. Por ejemplo, si creen que las niñas son bastante buenas en general pero que aún hay cosas que los niños pueden hacer y las niñas no, entonces van a presentar las cosas de determinada manera. Pueden inclinarse un poco más por cómo debes enseñarles a las niñas a ser amables y generosas y a expresar plenamente su feminidad maternal innata. Si piensan que Dios hizo a los niños y a las niñas de una forma particular, y que sus cualidades nunca se mezclarán, también van a escribir un tipo de libro particular. Por eso, por las razones de las que acabo de hablar, pienso que es importante que las personas externen sus políticas.

Estoy a favor de que las niñas sean amables y generosas, no le hace daño a nadie; pero he visto *Alien* de la I a la IV, y pienso que es importante que las niñas sean capaces de partir madres tanto como un tipo. Ripley, también conocida como Sigourney Weaver, no se torcía un tobillo y pegaba de gritos: le daba con ganas al enorme, feo y repugnante extraterrestre. Por supuesto que esto no significa que todas las niñas tengan que partir madres literalmente, como Ripley, pero creo que las niñas tienen tanto potencial para partir madres como los niños, algo a lo que volveremos con más detalle en el capítulo 18: «El semimito del sexo débil». Puede que el potencial de las niñas para partir madres no se exprese del mismo modo que el de los niños, pero creo que lo tienen.

En estos días, escuchamos mucho lo de Marte y Venus porque tiene cierto atractivo popular. Los hombres y las mujeres se sienten bastante diferentes, así que es tentador que crean que venimos de diferentes planetas. Incluso si dejamos de lado los zapatos ridículos que usan las mujeres, hay un montón de cosas. ¿Significa que el cableado de nuestros cerebros es diferente?

En realidad no.

Más adelante entraré en detalles, porque es muy importante pensar al respecto si estás criando niñas; por ahora déjame decirte que yo pienso que las niñas pueden hacer casi cualquier cosa. No pueden orinar de pie, pero aparte de eso creo que pueden hacer lo mismo que nosotros, tan bien como nosotros. Si Barack Obama no hubiera sido tan agradable, probablemente hubiéramos tenido la primera mujer presidenta de Estados Unidos. Sin embargo, eso no es nada nuevo en Nueva Zelanda, porque no sólo fuimos el primer país del mundo que le dio el voto a la mujer, sino que también tuvimos a una mujer dirigiendo el país por años.

Así que, en dos palabras, esta es mi opinión: las niñas pueden parecer bastante diferentes, puede que les gusten cosas diferentes, puede que hablen de esas cosas de manera diferente y, por regla general, tienen problemas para cambiar llantas, pero yo pienso que somos mucho más parecidos que diferentes. A esta altura va a parecer un poco tonto, particularmente después del capítulo anterior, pero tolérame y volveremos a esto un poco después.

Más que nada, creo que nuestras hijas pueden hacer cualquier cosa que nuestros hijos hace, incluso volar helicópteros de ataque apache, dirigir compañías multinacionales, cortar el cabello, construir puentes, boxear, quemar brasieres, trasplantar riñones, tomar notas en las juntas, dirigir juntas, hacer café, pedir café, arrestar criminales, cometer crímenes, hacer bebés, escribir novelas, hacer malabares, cavar tumbas, cantar canciones y golpear gongs.

Todo esto y mucho, mucho más.

DATOS RELEVANTES DE
LIBROS PARA PADRES Y «EXPERTOS EN CRIANZA»

✓ Todos los libros para padres tienen detrás algún tipo de ideología

✓ La mía es que pienso que la crianza se ha vuelto demasiado complicada y que nos la tomamos con demasiada seriedad

✓ Sobre todo, es importante que recuerdes que todo consejo sobre la crianza es simplemente una opinión. No creas *nada* de lo que te digan sobre como criar a tus hijos hasta que tú mismo lo hayas puesto en práctica y hayas comprobado que se ajusta a tus necesidades

4

Niñalogía básica;
las dos etapas de las niñas

E S PRECISO ANOTAR que, en la mente de la mayoría de los papás, la crianza de las hijas se divide en dos etapas diferentes: antes y después de la pubertad. Así de simple.

Casi en cuanto aparecen las niñas, los papás empiezan a preocuparse por la pubertad. No importa cuántas etapas del desarrollo de los niños hayan construido los psicólogos e investigadores, las únicas que le interesan a la mayoría de los papás son la primera fase (que es bastante sencilla en muchos sentidos) y la segunda fase (que también es bastante sencilla, pero para el papá novato puede parecer una poco confusa e incluso algunas veces un poco aterradora).

Así que en este capítulo no voy a enredarme con las fanfarronas explicaciones psicológicas del desarrollo de los niños. Existen, están por ahí, pero en la batalla de la crianza de las hijas las fanfarronas explicaciones psicológicas no sirven de mucho.

En mi experiencia, es lo obvio lo que cuenta.

Así que en lugar de adentrarme en esas intrincadas teorías, simplemente voy a explicar la primera fase y la otra fase.

ETAPA UNO: **Todo, hasta más o menos los diez años**

Para la mayoría de los papás, la primera fase de la crianza de las niñas parece bastante sencilla. La razón por la que parece tan simple es

que, en líneas generales, lo es. No quiero decir que criar niñas pequeñas no tenga sus retos, porque encontrarás bastantes, pero la mayoría de los papás con los que he hablado encuentran esta etapa libre
de problemas. Una gran parte se debe a que tú eres su papá y, al
menos en la primera fase, no puedes hacer nada mal. Esto no significa que no se vaya a enojar contigo de vez en cuando, porque sí lo
hará, pero en un nivel básico la mayoría de las niñas pequeñas piensa
que sus papás son fantásticos.

Sin embargo, la primera década es una parte enormemente
importante de su vida, porque es cuando conoce el mundo y empieza
a formarse sus propias ideas de qué significa todo, y de cuál es su
lugar en el gran zumbido de la vida. Cuando aún sea muy pequeña,
va a tener que lidiar con cosas tan complejas como el significado
de las telarañas y de dónde vienen los monos. Si piensas en que los
niños vienen al mundo sin saber prácticamente nada y que tienen
que empezar a descifrarlo todo muy rápido, entonces es bastante
tonto ver la primera década como un tiempo de infinita perpleji-
dad y contemplación. De la misma forma buscará información en
torno a las telarañas y los monos, tendrá que averiguar qué son las
niñas, cuál es su posición con respecto a los niños y qué significan
las múltiples y variadas formas como se retrata a las mujeres en los
medios cotidianos que ve cuando prende la tele o abre una revista.
Surgen preguntas que necesitan una respuesta:

- ¿Es bonita?
- ¿Es lista?
- ¿Qué es más importante, ser lista o ser bonita?
- ¿Cómo le gustará más a la gente, si es lista o si es bonita?
- ¿Es fuerte? ¿Es bueno ser fuerte?
- ¿Qué tipo de cosas hacen las niñas? ¿Qué pueden hacer?
- ¿De verdad puede hacer cualquier cosa que los niños hagan?
- ¿Querría hacer alguna de esas cosas?

Una vez que empiezas a pensar en todas las cosas que tu hija va a empezar a preguntarse durante la primera década de su vida, queda bastante claro que vas a jugar un papel suficientemente grande ayudándola a desenredarlo todo. Lo último que vas a querer es que obtenga respuestas de la basura de la cultura popular que anda por ahí.

Así que, en mi opinión, sería un error que sólo te interesaras parcialmente en la primera fase de su vida porque parece ser más fácil que la siguiente. La primera fase es una zona de preparación importante para la segunda. Opino que es crucial que entiendas la primera fase como el momento en el que sientas las bases de la relación, que les ayudarán a superar la segunda fase. Si arruinas la primera, entonces la segunda tiende a ser mucho más difícil.

Es parecido a como Eisenhower se sentó con sus generales la mañana del 5 de junio de 1944 y dijo: «Creo que ya es el momento de que vayamos a partirles la madre a los bastardos nazis. ¿Qué les parece mañana?». No lo hizo así simplemente porque uno no puede empezar a planear la invasión de Europa por los Aliados un día antes de que invadan. No es algo que uno pueda armar en el último minuto. Ese tipo de cosas requiere un poco de planeación, porque hay una serie de asuntos de logística que tienen que arreglarse. Lo mismo puede decirse de la crianza de las hijas. No puedes llegar en el último minuto y esperar que todo salga a tu manera. Bueno, sí puedes, pero probablemente no vaya a funcionar.

Para echarte la mano, aquí está mi aportación sobre lo que considero las cinco tareas en las que deberías concentrarte durante la primera fase:

1. *Asegura tu lugar a tiempo:* Si quieres formar parte de su vida en un futuro, tienes que ser parte de ella desde el principio. Probablemente voy a estar un poco con lo mismo, y te vas a hartar de

que lo diga, pero es sólo porque es importantísimo. Ni siquiera es difícil: todo lo que tienes que hacer es pasar tiempo con ella.

2. **Fomenta los intereses en común:** Las cosas de niñas pueden crear a veces algunos bloqueos naturales en las relaciones padre e hija, porque aparentemente estamos programados para que nos gusten cosas diferentes. Si dejas ese punto a sus propios mecanismos, hay altas probabilidades de que acaben por tener muy pocas cosas en común. Mientras sea pequeña, le va a interesar casi cualquier cosa que te interese a ti, así que debes ser lo suficientemente inteligente como para encontrar algo que puedan hacer juntos cuando crezca. Puede ser la pesca, las caminatas por la montaña, el paracaidismo, cualquier cosa que los entretenga a los dos.

3. **Sé el hombre al que puede recurrir:** Te gustaría que crezca con la idea de que eres tú el hombre al que debe recurrir cuando tenga problemas. El modo de hacerlo es que desde el principio sea obvio que vas a dejar de hacer lo que estás haciendo para escucharla. Muchos papás esperan para hacerlo hasta que es demasiado tarde. No puedes esperar que seas de repente el hombre al que recurra cuando tenga trece, si te pasaste la década anterior restándole importancia. Sus problemas a los cinco años pueden parecer un poco triviales, pero tienes que recordar que son la práctica para los problemas mucho mayores que llegarán después.

4. **Asegúrate de que cada noche de su vida se vaya a dormir con la idea de que estás de su parte:** Incluso cuando hayas tenido un mal día, incluso si ella llega como tromba en tu momento de descanso e incluso si te ha estado dejando notitas diciéndote que ya no quiere que sigas siendo su papá, asegúrate de que siempre se vaya a dormir sabiendo que eres su papá y que estás de su parte. Es una cosita sencilla, pero en mi opinión así esn la mayor parte de las cosas importantes en la vida.

5. **Diviértanse tanto como puedan:** Sólo son pequeñas una vez, y es importante que lo recuerdes. Va a ser una niña pequeña durante un parpadeo y una vez que deje de serlo nunca volverá. Asegúrate de tener el mayor tiempo posible para simplemente disfrutar de todo lo que dé esta parte del camino. He hablado con muchos papás que desearían haber pasado menos tiempo en el trabajo y más tiempo con sus hijos, no seas uno de ellos.

Este último punto es particularmente importante. Sólo son pequeños una vez y, aunque a veces parece un martirio, se terminará antes de que te des cuenta. Solamente tienes una oportunidad en su infancia, así que asegúrate de estar ahí tanto como puedas, y diviértete tanto como puedas.

Nota técnica sobre jugar con niñas

En un estudio particularmente revelador, los investigadores examinaron la supervisión en juegos riesgosos de las mamás y de los papás a sus hijos de preescolar. Específicamente observaron el comportamiento de los padres cuando sus hijos realizaban dos tareas: caminar a través de un pasamanos de 1.5 m de alto y caminar y bajarse de una barra de 1 m de alto. Notaron que los padres de hijas se paran más cerca de sus hijas que los padres de hijos, y las seguían también más de cerca. Así que parece haber buenas evidencias de que los papás tienden a proteger mucho más a sus hijas que a sus hijos.

La cosa es esta: si vamos a decirle a nuestras niñas que pueden hacer lo que sea, también tenemos que *demostrárselo*. Las niñas de preescolar son físicamente tan capaces de hacer estas cosas como los niños de preescolar. Lo que no quieres es que una creencia

inconsciente de que ella es más frágil que un niño te orille a enseñarle a temer al mundo. La autoconfianza surge de los logros, no de
tener a tus padres alrededor todo el tiempo para cacharte.

Puede que se raspe las rodillas o, incluso, que se rompa un brazo,
pero ese tipo de cosas se arreglan en las niñas tan rápidamente
como en los niños.

Una nota técnica más en el engañoso tema del afecto físico y las niñas

Un día, cuando iba a empezar a escribir este libro, un hombre llegó a
mi oficina. Iba pasando, vio mi nombre en la puerta y decidió entrar
para pedirme que le dedicara uno de mis libros para su esposa. (No
sé por qué la gente sólo quiere que el autor real firme sus libros.
Hace mucho decidí firmar, con el nombre de los autores, los libros
de otros autores que compraba, basándome en el hecho de que
nadie lo sabría. Así que si ven mi librero, verán que Stephen King
me firmó *Apocalipsis* con la siguiente dedicatoria: «Para Nigel, uno
de mis más viejos y queridos amigos. Mis mejores deseos, Stephen».
También tengo un ejemplar de *La audacia de la esperanza* de Barack
Obama, firmado con la dedicatoria: «Gracias, Nigel, no habría podido
hacerlo sin ti. Presidente Obama». Quizá el ejemplar del que más
orgulloso me siento sea el de *Macbeth*, dedicado para siempre en
esta suerte: «Una rosa, llamada con cualquier otro nombre, aún sería
Nigel. William Shakespeare. P.D.: Gracias por toda tu ayuda con ese
fragmentito insignificante que por tanto tiempo me jodió».)

Mientras firmaba el libro de este señor, le pregunté el tipo de
asuntos que le gustaría ver en un libro para papás de niñas. Lo
primero que me dijo fue que le gustaría tener una idea de cuándo
ya no estaba bien que abrazara a sus hijas.

—¿Cuántos años tienen? —pregunté.

—Siete y nueve.

—¿Qué quieres saber, entonces?

—Bueno, ya sabes, uno escucha todo eso de padres acusados de abusar de sus hijas, así que uno no quiere hacer nada que pueda malinterpretarse. Especialmente cuando empiezan a rozar la pubertad y probablemente empiezan a sentirse también un poco incómodas.

—¿Y te gustaría saber cuándo es un buen momento para dejar el afecto físico? —pregunté. Realmente me agradaba este tipo, aunque acabara de conocerlo. Era un gran padre. No tenía bases científicas para hacer ese juicio, ninguna evidencia además de una corazonada. A veces, simplemente lo sabes.

Asintió.

—Sí.

—Nunca.

Se rió, y fue un buen sonido. El sonido de alguien que sabe que está haciendo la cosa exacta para la que fue puesto en la Tierra. Era un papá.

—*Nunca* dejas de hacerlo —dije—. Probablemente tengas que prestar más atención a sus señales cuando llegue a la pubertad, pero si eres sensible a ello, entonces sabrás cuándo darle un abrazo y cuándo dejarla en paz. Sin embargo, *nunca* dejas de hacerlo, porque ella *siempre* lo necesitará.

—¿Pero qué hay de las cosas que oímos de abuso sexual?

—He pasado los últimos veinte años trabajando con niños de los que abusados sexualmente, y con los hombres que abusaron de ellos, y en todo ese tiempo no he escuchado un solo caso en el que las intenciones honestas de un buen padre hubieran sido malinterpretadas. Los niños saben si algo está bien o no. Si estás haciendo algo malo, ellos lo saben. Puede tomarles un rato tener la capacidad de hablar al respecto, pero lo saben. Lo contrario también es cierto: si eres un buen papá que le da un abrazo a su hija, ella lo sabrá.

—¿Pero qué hay de todos esos casos que vemos en la tele?

Me encogí de hombros.

—No estoy diciendo que no ocurra. He conocido a papás que están acusados de haber hecho cosas que no creo que hayan hecho, pero todos esos casos se deiron en medio de repugnantes pleitos por custodia, en los que la única persona que supuestamente recibió la revelación del niño fue la amargada ex pareja. Sin embargo, esos casos son muy raros, porque cuando los niños revelan que alguien les ha hecho cosas malas, por lo general queda muy claro quién fue esa persona y qué le ha hecho.

—¿Entonces sigo abrazando a mis hijas? —dijo él.

Asentí.

—Tanto como puedas.

—Fiiuuu —dijo, obviamente aliviado.

Justamente: fiiuuu.

Hay que preguntarse a dónde hemos llegado para que los buenos papás se preocupen por cuándo tienen que dejar de abrazar a sus hijas. ¿Cómo llegamos a un estado tan lamentable?

Justamente, fiiuuu, maldita sea.

Etapa dos: **Todo lo que viene después de la primera etapa**

Vamos a explorar todo esto a detalle en el resto del libro, particularmente a partir del capítulo 14. Algunos de los siguientes capítulos aplican tanto para la primera fase como para la segunda, y algunos sólo se tratan de la segunda fase. Todo es bastante obvio, así que no insistiré más en ello.

Es mejor seguir adelante.

DATOS RELEVANTES
DE NIÑALOGÍA BÁSICA

✓ Las únicas etapas del desarrollo que realmente les importan a los papás son: la primera etapa, que es todo el tiempo hasta que la pubertad empieza a asomarse; y la segunda etapa, que es todo lo que viene después

✓ La mayoría de los papás piensa que la primera etapa es bastante sencilla

✓ Sin embargo, no subestimes la importancia de la primera etapa solamente porque es más fácil. Aquí es donde sientas las bases que te ayudarán a superar la segunda etapa

✓ Conseguirás hacerlo si:

· aseguras tu lugar a tiempo

· fomentas los intereses en común

· eres el hombre al que puede recurrir

· te aseguras de que cada noche de su vida se vaya a dormir con la idea de que estás de su parte

· se divierten tanto como puedan

✓ Es tan importante jugar rudo con las niñas como lo es con los niños, y dejarlas correr riesgos

✓ El afecto físico es importante sin importar su edad

5

Lenguaje de chicas:
cómo comunicarse con el otro

E L MEJOR EJEMPLO que se me ocurre de cómo los hombres y las mujeres hablan diferente es cuando contamos nuestras llamadas por teléfono con nuestros suegros. Si ella está hablando con sus padres, la llamada usualmente dura mucho más que cuando tú hablas con tus padres; pero la diferencia real sucede después. Los hombres generalmente preguntan algo como «¿cómo están tus papás?».

Cuando preguntamos esto, lo que queremos saber son justo las ideas importantes: ¿Todavía están vivos y básicamente bien? Las mujeres interpretan esto como la petición de la transcripción palabra por palabra de toda la conversación. Inquietantemente, con frecuencia las mujeres quieren darnos este resumen de la conversación al pie de la letra justo en medio del programa de televisión que estamos viendo. Esto se debe a que piensan que nos importan más nuestros suegros que cualquier cosa que estemos viendo en la tele. Así es, usualmente, pero, justo en ese momento, estamos más interesados en la tele.

No sería fantástico que colgaran y que sólo dijeran:

—Sí, los dos están vivos todavía y en general las cosas van bien.

Con toda honestidad, ¿qué más querríamos saber?

Lo mismo pasa del lado contrario, porque cuando nosotros colgamos ella pregunta:

—¿Cómo está tu mamá?

—Bien.

—¿Qué están haciendo tus papás?

—Uh... no sé. Lo de siempre.

—¿Qué te dijo?

Encogimiento de hombros:

—Ella está bien; papá está bien.

—Han de haber hablado más que eso, estuvieron en el teléfono como veinte minutos.

—Bueno... ya sabes... sí, pero básicamente todos están bien.

Ella frunce el ceño, y en este punto tienes que andarte con cuidado, porque justo aquí y ahora estás tocando a la puerta de una discusión, así que necesitas ser ingenioso.

¿Por qué los hombres y las mujeres somos tan diferentes en cómo hablamos de las cosas? Bueno, en los capítulos siguientes hablaremos más al respecto, de la personalidad y del cerebro, pero en realidad se trata de las diferentes culturas en las que viven los hombres y las mujeres. Yo no creo que seamos de Marte y de Venus, respectivamente, pero sí creo que los hombres y las mujeres fundamentalmente tienen formas distintas de comunicarse. No se trata de formas correctas o incorrectas, sino de ser conscientes de que a veces lo hacemos de modos bastante diferentes.

Reuniendo información

Cuando los hombres se comunican, casi siempre lo hacen con un resultado específico en mente; pero cuando las mujeres se comunican, el resultado es frecuentemente la comunicación en sí misma. En el trabajo, creo que los hombres y las mujeres están equitativamente concentrados en los mismos resultados; pero en nuestras relaciones personales con nuestros seres queridos y nuestros amigos, hablamos diferente.

Pero ¿qué significa todo esto cuando eres el padre de una niña? ¿Significa que tienes que aprender a hablar como una niña? ¿Tienes que sentarte con ella con tazas de té de plástico a hablar de hadas y ponis? ¿Tienes que escuchar pláticas interminables acerca de quién dijo e hizo qué en la escuela ese día?

Algunas veces sí; otras, no.

La gran ventaja que tienes de ser padre de una niña es que por lo general es mucho más fácil hablar con las niñas que con los niños. Con los niños casi siempre se trata de sacarles información, pero con las niñas es todo lo contrario.

Como ejemplo concreto, mi hijo, que en este momento tiene nueve años, siempre conserva los detalles encerrados en el pecho. Si le pregunto cómo le fue en la escuela, casi siempre dice «bien». Si le pregunto qué hizo, a lo mejor me cuenta una o dos cosas, pero eso es casi todo. La verdad es que creo que la escuela podría incendiarse hasta los cimientos y el seguiría contestando «bien» si le preguntara cómo estuvo su día.

Compara eso con la respuesta que obtengo cuando le pregunto lo mismo a su mejor amiga, una niña de su salón. Ella es genial. Todo lo que hay que hacer es preguntarle cómo va la escuela para enterarse de cada pequeño detalle que ha pasado desde la última vez que le preguntaste. Es casi la mejor forma que tenemos de estar al tanto de las últimas noticias. No solamente sabe cómo le va a las otras personas, también sabe qué padres están separados, quién vive con sus papás y con frecuencia también algo de los antecedentes de los papás de otros niños.

Cómo puede saber ella todo esto a la edad de nueve años es un testimonio de la inclinación natural que las niñas parecen tener para reunir datos sociales. Estoy firmemente convencido de que los mejores espías que podríamos tener serían niñas de nueve años. Sólo tírenlas del paracaídas en la escuela y tendrán una idea de cualquier información que necesiten. Les garantizo que la amiguita de mi hijo hubiera podido obtener los códigos de los lanzamientos soviéticos en menos de una semana.

Los tres grandes

Muchas veces, la gente hace que el simple acto de la comunicación con otro ser humano parezca ciencia espacial. Hay libros y libros sobre la comunicación. Algunos son útiles; algunos son un poco tontos. A veces la única forma de decir algo es diciendo algo.

Yo no creo que la comunicación sea ciencia espacial, a menos, claro, de que se trate de dos científicos que hablen de los sistemas de propulsión de un *jet*. Para el resto de nosotros, sin embargo, sólo se trata de hablar de cosas.

Nada más ni nada menos.

Esta es mi guía de lenguaje de chicas para papás reducida a tres simples puntos. No es nada complicado ni hay palabras o frases especiales que recordar.

1. *Haz un esfuerzo:* No puedo enfatizar lo suficiente la importancia de que hagas un esfuerzo. No tienes que hacer nada en particular; simplemente tienes que hacer algo. La comunicación no se dará por sí sola: se necesita que al menos dos personas participen. Si tú haces un esfuerzo y te aseguras de que tu hija sepa que te interesa, entonces, aunque no siempre digas las cosas adecuadas, le estarás dando lo que más necesita: tu tiempo.

2. *No intentes resolver siempre los problemas:* Vale la pena que recuerdes que las niñas no siempre quieren que les resuelvas los problemas; a veces, sólo quieren hablar de cómo se sienten. Para nosotros puede ser duro, porque como somos criaturas prácticas, queremos arreglar los problemas. Extrañamente, sin embargo, a veces las niñas prefieren hablar de un problema que

resolverlo. A veces debes resolverlo, por supuesto, porque ella espera eso de ti, pero no siempre. A veces simplemente quiere decirle a alguien cómo se siente.

3. *Hazle preguntas:* Lo maravilloso de las preguntas es que sirven para más cosas que obtener información, también crean lazos entre los padres y sus hijas. Si le haces preguntas, le demuestras que estás interesado en ella, y eso es algo bueno. Otra vez, como somos criaturas prácticas, la mayoría de los hombres prefiere hacer sólo las preguntas suficientes para entender un problema, y luego proceden a elaborar una serie de argumentos para resolverlo. Da algunos rodeos con las preguntas, a ellas les gusta.

Y eso es todo: tan simple como uno, dos, tres.

Por supuesto, podría complicarlo mucho más, pero de verdad no creo que el mundo necesite más enredo. Opino que ya hay más que suficiente basura flotando por ahí. No tienes que hablar como una niña, pero tienes que hablar con *tu* niña, y eso significa, principalmente, escucharla. Mientras más lo hagas mejor se sentirá con sí misma y será más capaz de lidiar con las múltiples pruebas que le pondrá la vida.

El padre que perdió temporalmente la cabeza, la voz y la hija

Había estado hablando con la familia Bartlett por diez minutos y me di cuenta de que no podía seguir sin señalar al gran felino que estaba encerrado en una esquina. La señora Bartlett era abogada, el señor Bartlett era contador y Sally tenía catorce años y era tremenda. Sin embargo, no era permanentemente tremenda, era sólo «situacionalmente tremenda». Hasta los once todo había ido bien, pero de ahí en adelante todo iba cuesta abajo. Aunque no estaba matando gatitos o robando bancos, sólo estaba permanentemente indignada y ofendida. Sus papás, preocupados, la llevaron conmigo porque parecía que todo el tiempo estaba enojada con ellos.

Sin embargo, ese no era el gato. No, el verdadero gato encerrado era que el señor Bartlett apenas hablaba. Incluso, casi hacía lo opuesto de hablar, emanaba una especie de silencio desesperanzador mientras que su esposa y su hija se partían el lomo.

—Oh, un minutito —dije—. Tengo que preguntarles algo antes de que continuemos —todos me miraron, bueno, casi todos. Sally sólo giró los ojos y miró hacia algún punto sobre mi escritorio que evidentemente le parecía desesperante—. ¿Por qué usted no habla? —le pregunté al señor Bartlett.

Se acomodó en su asiento, parecía un poco incómodo, como si no estuviera acostumbrado a ser parte del asunto.

—Me he dado cuenta de que es mejor decir lo menos posible cerca de Sally, porque por lo general digo lo que no debería.

—¿Lo que no debería? —pregunté—. ¿Como qué?

—¿Honestamente? No sé, porque parece que cualquier cosa que diga está mal.

Miré hacia Sally, quien, bendita sea, parecía completamente ofendida, indignada e insolente, en general tenía una expresión de pena.

—No creo que sea muy difícil ofenderla —dije—. Parece que tiene un talento especial para ofenderse.

Me lanzó una sola mirada torva y desvió los ojos.

—Oh —dije—, eso estuvo muy bien. Podrías matar moscas con una mirada como esa. Eres como un insecticida orgánico. Podrías exterminarlas con una sola mirada y, además, es completamente biodegradable y libre de carbono.

El papá se rió.

Sally, no.

—Así que, ¿de verdad no dice nada cerca de ella?

—Obviamente no es que no diga absolutamente nada, pero trato de mantener mi comunicación al mínimo.

—¿Por qué? ¿Porque le preocupa decir lo que no debe?

Asintió.

Lo comprendí completamente. Era como un soldado de la Primera Guerra Mundial que se niega rotundamente a dejar las trincheras y caminar hacia las líneas alemanas, con la muy razonable base de que todos los que lo hicieron fueron segados por las metralletas alemanas.

—Es como un soldado de la Primera Guerra Mundial que se niega a dejar las trincheras y hacerse cargo de los alemanes, con la muy razonable base de que sería segado por sus metralletas.

Se rió.

—Supongo que sí.

—El único error que está cometiendo es que los alemanes usaban balas de verdad, pero ella sólo está haciendo la finta. Dispara balas de salva y espera que todos estén demasiado asustados y confundidos para darse cuenta.

Sally me miró y volvió a la expresión desdeñosa.

—Mira —le dije a su papá, mostrándole que no había sangre y entrañas dispersas en la silla—, salvas. Ella acaba de echarme una mirada torva y no me hizo ni un rasguño.

—Nunca lo había pensado así —dijo.

—No te preocupes por decir las cosas adecuadas. No hay cosas adecuadas. Sólo di cualquier cosa y a ver qué pasa después. Si dejas que su *blof* te haga guardar silencio, van a estar viviendo en trincheras por años. Párate en el pretil y sé la guía. Tienes que enfrentar al enemigo con un intercambio de bromas ingeniosas, o incluso sin bromas, para el caso. Lo que sea que hagas, no permitas que las ráfagas de balas de salva te engañen y te hagan mantener la cabeza gacha. Ella necesita que le enseñes el camino, no que vayas en retirada.

Pensó por unos momentos y luego miró a su hija.

—¿Es cierto?

—No —gruñó ella.

Volteó hacia mí y yo le di un codazo visual.

—Bueno, yo creo que sí —dijo—. Creo que de ahora en adelante voy a decir lo que pienso, y tú vas a tener que adaptarte a vivir así.

Ella suspiró, como cuando una persona particularmente estúpida y ofensiva se sienta junto a uno, y se dejó caer en la silla.

—Creo que tienes que pensar más en cómo le hablas a tu mamá —dijo él.

Y simplemente así, el gato se levantó, se estiró y caminó lentamente fuera de la habitación.

**DATOS RELEVANTES DE
LENGUAJE DE CHICAS**

✓   Haz un esfuerzo

✓   No siempre trates de resolver el problema

✓   Hazle muchas preguntas

Te perdiste la crisis de las niñas: llegaste demasiado tarde

N O SÉ QUÉ NOS PASA a los seres humanos, pero parece que nos encanta tener crisis. En el momento en que escribo esto, es la famosa influenza porcina, pero parece que ya está pasando. Yo empecé tomándome el asunto de la influenza con seriedad, sobre todo porque es difícil no hacerlo cuando CNN te presenta actualizaciones de la Organización Mundial de la Salud cada media hora. Después de un rato, sin embargo, me pareció bastante claro que era *un simulacro* para la muy comentada (pero nunca realmente materializada) crisis real, más que *la crisis real en sí*.

Para ser honesto, tengo que aceptar que me decepcionó un poco. Hace muchos años leí la popular novela de Stephen King *Apocalipsis*, y ya estaba esperando que la «súper gripa» limpiara un poco la Tierra. Seguramente sería un poco triste perder a casi la mitad de la humanidad, pero la idea de finalmente tener un poco de paz y tranquilidad y tiempo para mí era atractiva.

Así que aunque hubo una pandemia, me pareció un poco floja.

Interesante; me acuerdo de que cuando era niño uno de los grandes problemas fueron las abejas africanas asesinas. Según esto habían llegado y eran unos bichos muy enojados. Las abejas promedio son bastante apacibles, pero las abejas africanas asesinas eran justo lo contrario de apacibles. Si encabronabas a una abeja africana asesina conocerías el mundo del dolor. Personalmente, yo creo que los que les pusieron nombre tienen la culpa. Si yo hubiera

crecido con un nombre como Nigel Africano Asesino, probablemente sentiría que tengo algo que demostrar.

De cualquier modo, los enjambres de las furiosas abejas asesinas
nunca aparecieron; no sé a dónde se fueron. Seguramente a donde
sea que se van las viejas crisis cuando nos aburrimos de ellas. No
importó, porque en el camino siguieron el virus del Ébola, el sida,
el comunismo, el apocalipsis nuclear y George W. Bush. Todas estas
cosas fueron crisis a su manera, pero una por una todas termina-
ron por irse.

Fiiuuu.

Lo mismo puede decirse de la «crisis de las niñas». En los últimos años ha perdido mucha fuerza porque las niñas realmente se
han destacado en muchas áreas. Tan bien, que han dado lugar a un
movimiento de «crisis de los niños», con un montón de gente que
escribe libros sobre la crisis de los niños y su posible impacto. Yo
he escrito al respecto en otras partes, pero mi opinión acerca de la
crisis de los niños, después de haber revisado muchas investigaciones y estadísticas, básicamente es que es un poco exagerada. Algunos niños están en crisis, pero siempre ha habido algunos niños en
crisis. Yo me uno a los que piensan que en realidad no se trata de
que los niños estén haciendo las cosas peor, sino de que las niñas lo
están haciendo mejor.

Cuando observas el panorama de la investigación internacional, es bastante obvio que los niños y las niñas en general tienden
a tener diferentes problemas. Para las niñas, los problemas parecen ser más del tipo de la depresión, los pensamientos e intentos
suicidas y los desórdenes alimenticios. Además, las niñas tienen
una tendencia menor a completar los niveles más altos de matemáticas y ciencias (pero antes de que taches la carrera de mate-
mática de tu hija, espera hasta que volvamos a esto en el siguiente
capítulo, porque la cosa de las mates y las ciencias no es tan sencilla como parece a primera vista).

Lo anterior puede ser un poco alarmante: la idea de que los problemas a los que tu hija se enfrentará más probablemente sean la depresión, las tendencias suicidas y los desórdenes alimenticios puede elevar un poco tus niveles de ansiedad. La realidad es que todas estas estadísticas y números esencialmente no tienen sentido en el nivel individual. Mi intención al hablar de estos asuntos no es espantarte, sino todo lo contrario; lo que de verdad quiero hacer es ayudarte a poner este tipo de estadísticas pesimistas en contexto.

No quiero que pienses que estoy restándole importancia a las crisis, porque la información que nos aportan es útil. Los noventa marcaron la entrada tardía de las niñas en el campo de los intereses públicos. Como pasa con frecuencia, fue necesario un libro para llamar la atención del público y de los medios, y para las niñas ese libro fue *Reviviendo a Ofelia*, escrito por Mary Pipher y publicado en 1994. Durante años fue un *bestseller* de *El New York Times* y no sólo porque Pipher tiene una forma de escribir singularmente atractiva. El punto de ataque principal de Pipher era que las niñas estaban creciendo en una «cultura venenosa para ellas» y hablaba del tipo de cosas que siempre llamarán la atención de la gente: «dietas de mutilación corporal», autocortaduras, rebelión contra los padres, drogas, alcohol y sexo sin protección.

Era deprimente y aterrador, pero, de algún modo, tenía que serlo para llamar la atención de la gente, porque hasta ese momento las niñas habían sido dejadas de lado en cuanto al debate público y académico. En los setenta, por ejemplo, había mucha gente estudiando y escribiendo acerca de la «cultura juvenil», pero la mayoría lo hacía acerca de la juventud masculina apartando a las chicas o agregándolas como idea de último momento.

Después de *Reviviendo a Ofelia* todo empezó a cambiar. De repente, todo el mundo empezó a preocuparse por sus hijas, y, como la música rap, la ola empezó en Estados Unidos y se expandió por el resto del mundo desarrollado. Pronto estuvimos preocupados acerca de todo lo que tuviera que ver con nuestras niñas. Lo bueno fue que los políticos se pusieron en guardia y prestaron atención, y antes de que nos diéramos cuenta ya había todo tipo de programas e iniciativas dirigidas a ayudar a las niñas.

Y así, nada sorprendente, las cosas empezaron a mejorar.

Ahora que, de vez en cuando, todavía encontrarás estadísticas que suenan bastante funestas. La razón es que las porquerías que espantan ayudan a vender libros, y te aseguran una audiencia mayor y más atenta. Si yo le pusiera a este libro *Las tres cosas que más probablemente maten a nuestras hijas o las vuelvan locas* indudablemente vendería más ejemplares. No le pondría así porque ese tipo de cosas no me gusta y, aunque un dinero extra me caería bien, no creo que sea útil asustar a la gente para que compre lo que sea que le vendas.

Así que tomemos un solo ejemplo de estadísticas pesimistas y pensemos en lo que podría significar en la vida real. Tomemos la estadística completamente ficticia de que las niñas tienen 67% más posibilidades que los niños de que se las coma un tiburón. Obviamente no es cierto, y no quiero ofender a ningún tiburón diciendo que prefieren comer niñas que niños. Hasta donde yo sé, los tiburones son carnívoros de oportunidades equitativas y, aunque no coman tanta gente, cuando lo consiguen estoy seguro de que se comerían a quien sea sin importar el credo, el color o el sexo. Estoy seguro de que los tiburones comerían hasta nazis si se les presentara la oportunidad, aunque por lo que he visto de los nazis no parece que vayan mucho a la playa. Nunca, por ejemplo, he visto nazis jugando voleibol en la playa o jugando en la arena con sus pequeños hijos nazis. A pesar de esto, estoy seguro de que si le dieran a escoger a un tiburón entre, digamos, un nazi y un miembro de Amnistía Internacional, el tiburón simplemente se comería al que estuviera más cerca o más gordo. Simplemente no les importan mucho las afiliaciones políticas.

Independientemente de esto, ¿cómo podrías contextualizar la estadística que dice que tu hija tiene 67% más probabilidad de que se la coma un tiburón que tu hijo?

Yo sugiero que básicamente lo ignores.

¿De verdad?

Sí.

¿Pero esa estadística no es demasiado alarmante como para ignorarla?

En realidad, no.

¿Por qué no?

Porque habla de un promedio de la población de niñas en general; realmente no te dice nada útil acerca de tu propia hija. Algunas niñas no correrán el mínimo riesgo de que se las coma un tiburón, y otras tendrán un riesgo muy alto.

¿Y cómo puedes saber en qué grupo está tu hija?

La cosa con cualquier estadística funesta es que si tus hijos de verdad están en problemas, usualmente es bastante obvio.

Sí, ¿pero cómo saberlo?

Bueno, ya hablaremos después de algunas cosas en específico —como sexo, drogas y autoagresión—, pero de verdad, lo único que tienes que hacer es poner atención. Si tu hija vive a cientos de kilómetros de la playa, entonces casi no corre el riesgo de que se la coman los tiburones. Por otro lado, si vive en el mar, en una casa hecha de trozos podridos de pescado y se pasa los días regando sangre fresca de animales en el agua, las posibilidades son mucho más altas.

¿Estás diciendo que los números no importan, que sólo importa lo que hace tu hija?

Eso es justo lo que estoy diciendo: pon atención a lo que tienes enfrente, no a lo que ves en las noticias. Las estadísticas son interesantes, pero sólo describen una población en términos generales. No diagnostican lo que va a pasar con nuestras hijas. Lo que realmente les pase depende de ellas, y de nosotros.

Entonces, ¿cómo minimizamos los riesgos de las cosas malas que oímos en los medios?

De eso se trata el resto de este libro, cómo hacer el mejor trabajo para criar una niña segura e independiente, que sepa quién es y qué quiere, y que no tenga miedo de luchar por ello.

Sí, sí, pero, ¿cómo lo hacemos?

Probablemente un buen comienzo sería decirle que si va a nadar al mar se asegure de no orinarse con el traje de baño, que no nade con perros o al anochecer, o que no nade con una bolsa de sangre fresca. Eso le dará ventaja en el asunto de los tiburones, y ya cubriremos el resto en el camino.

DATOS RELEVANTES
DE LA CRISIS DE LAS NIÑAS

- ✓ Te la perdiste por cerca de quince años
- ✓ La buena noticia es que las niñas están haciendo las cosas bien en general
- ✓ Fiiuuu.

7

Marte, Venus
y la seudociencia sexual

S IN DUDA ALGUNA, Marte y Venus son muy diferentes. Marte, por ejemplo, está a 228 millones de kilómetros del sol, mientras que Venus está a escasos 108 millones de kilómetros. Marte es más pequeño que Venus, cuyo radio es 2 654 kilómetros más largo. Marte también tiene una pizca menos de dióxido de carbono y nitrógeno en su atmósfera (1.2% y 0.8% respectivamente), pero tiene un enorme 1.593% más de argón, lo cual, si te gusta el argón, es algo bueno. Yo soy bastante neutral en lo respectivo al argón, pero estoy seguro de que en la vastedad infinita del espacio debe haber formas de vida a las que les parezca que el argón es fantástico. Marte tiene dos lunas, mientras que Venus no tiene ninguna, pero en promedio es bastante frío (-4 °C) comparado con Venus, que es realmente abrasador (460 °C).

Así que estoy completamente de acuerdo con la premisa de que Marte y Venus son bastante distintos, los *verdaderos* Marte y Venus, quiero decir, pero no los Marte y Venus usados metafóricamente para referirse a hombres y mujeres. Es una buena metáfora, y definitivamente le dieron a John Gray —autor del famoso *Los hombres son de Marte, las mujeres son de Venus*— una cantidad tremenda de dinero. Simplemente no se apoya en la ciencia real de las diferencias de sexo en el cerebro. Sólo porque algo suene bien, no significa que sea cierto.

En los últimos años ha habido propuestas acerca del «cerebro femenino» que suenan muy bien, pero que son completamente

descabelladas. Estos son algunos ejemplos, que ve cuando prende
la tele o abre una revista, pero surgen preguntas que necesitan una
respuesta:

- Las niñas tienen el oído más sensible que los niños, por eso generalmente se quejan de que su padre les grita cuando él cree que
está hablando normalmente
- El sistema visual de las niñas está conectado de manera completamente distinta al de los niños, por lo cual las niñas hacen diferentes tipos de dibujos y usan más colores
- Las niñas pueden hablar de sus sentimientos mejor que los niños,
porque las dos partes de su cerebro se conectan a una edad más
temprana que las de los niños
- Las niñas tienden a ser más empáticas, mientras que los niños
sólo se dan cuenta de que algo está mal cuando alguien llora o
amenaza con lastimarlos
- Las niñas hablan más que los niños
- Las niñas son mejores en español y los niños son mejores en
matemáticas

Como dije, parecen geniales y suenan geniales, pero sus bases científicas reales son cualquier cosa menos geniales. Claro que eso no
le ha impedido a un montón de gente hacer un montón de dinero
escribiendo libros que rezuman «seudociencia sexual». El término
no es mío, la primera vez que lo escuché fue cuando estaba investi-
gando para mi libro sobre niños en un sitio llamado *La cabaña del
lenguaje*. El profesor Mark Liberman, colaborador de este sitio, ha
escrito extensamente sobre el tema y, en particular, sobre los niños
y las niñas y sus respectivos cerebros. Les recomiendo ampliamente
que se tomen un tiempo para echarle un ojo ustedes mismos. Aquí
voy a tomarme un tiempo para describir algunas de las críticas más

importantes, pero no se queden sólo con mi palabra, vayan a echar un ojo ustedes mismos.

En este punto podrían estar pensando que saber de ciencia no es importante, pero, créanme, lo es.

¿Por qué?

Porque tienes que saber que todo es chafa para que no te vayan a deslumbrar con el despliegue publicitario.

¿Qué quieres decir?

Bueno, toma como ejemplo esta historia absurda de *The Washington Times*:

> Recientes estudios con el uso de resonancias magnéticas han mostrado claramente que el cerebro de un niño promedio se desarrolla mucho más lento que el de una niña promedio. Algunos estudios muestran que el cerebro de un muchacho de diecisiete años se ve como el cerebro de una niña de trece. Los hombres no alcanzan a las mujeres hasta los treinta años aproximadamente.

O qué tal esta convincente información acerca de cómo responden las niñas al estrés:

> Los circuitos cerebrales de la niña se reponen y se alimentan de estrógeno para responder al estrés con actividades de cuidado y la creación de redes sociales protectoras.

O sea, por Dios, ¿nuestros cerebros no alcanzan a los de las mujeres hasta los treinta? ¿El cerebro de un muchacho de diecisiete años se ve como el de una niña de trece? Todo eso de que el cerebro de las niñas se alimenta de hormonas para protegerse cuando están estresadas y luego se juntan para conversaciones de mujeres, ¿de qué se trata eso? ¿Es cierto? Llegaremos a ello en un dos por tres, pero por ahora estoy seguro de que pueden ver cómo ese tipo de información tiene un severo impacto en cómo tratemos a nuestras hijas y a nuestros hijos. Todo tipo de gente, en todo tipo de lugares divulga esta información y más. Algunas están en Internet —en la salvaje e indomable espesura de los foros para padres— pero otras se han difundido en conferencias, en reuniones políticas con gente importante y en salas de profesores de las escuelas.

El problema es que la ciencia neuronal nos parece sumamente convincente. Lo único que tienes que hacer es colar algunas imágenes del cerebro en algún lugar de una presentación y puedes convencer a una vasta mayoría de gente de que lo que estás diciendo es oro puro, cuando en realidad sólo sea aceite de víbora muy brillante. Hay que acreditar que los científicos cerebrales están un poco preocupados y hasta han hecho investigaciones que demuestran que la gente tiende mucho más a creer una explicación pobre de un fenómeno fisiológico si contiene algún tipo de información científica del cerebro, incluso si esa información es irrelevante para la lógica de la explicación. Así que aunque la ciencia neuronal no tuviera relevancia lógica con lo que se está explicando, su sola *presencia* hace que algunas personas crean que es una mejor explicación.

La siguiente sección es crucial para entender cómo funcionan las seudociencias y lo tontas que son. Este material es tan importante para la comprensión de los actuales debates en crianza que también lo puse en mi libro *Madres que crían hijos* (*Mothers Raising Sons*). Lo pongo de nuevo aquí porque considero que es información que todos debemos conocer. Por eso, lo que voy a hacer es darte un breve curso de seudociencia sexual y trataré de infundir un poco de realidad a las páginas y páginas de ideología que con tanta frecuencia rodean el mundo de los niños y sus cerebros, y en particular el género y el cerebro. Les recomiendo ampliamente que no se queden sólo con mi palabra: puse las fuentes de este material en las notas finales y, cuando fue posible, proporcioné los enlaces de Internet para que pudieran encontrar las investigaciones. Cuando no fue posible, puse las referencias de los artículos científicos, para que si quieres puedas revisarlos. Sin embargo, la mayoría de los lectores no lo hacen, porque pocos queremos leer un libro y luego hacer un montón de investigación para ver si lo que nos dijeron es cierto. En lugar de eso, asumimos que si alguien lo dice en un libro entonces se trata de algo que ya investigaron y que presentan adecuadamente. Quiero decir, tienen que hacerlo, ¿no? Porque si dices que una parte del libro se basa en investigaciones y no es cierto, te descubrirán, ¿no? ¿Seguramente la policía de la ciencia te cacharía? ¿Seguramente no podrías vender millones de copias de un libro si hicieras aseveraciones científicas que no estuvieran respaldadas por las fuentes que citas?

¿Seguro que no puedes hacer eso?

¿No?

La mayor parte de las veces, cuando la gente habla de escaneo neuronal habla de Imagen por resonancia magnética funcional (IRMF). Los científicos realizan todo tipo de métodos para estudiar el cerebro (aquí es cuando enloquece el alfabeto: PET, EEG, IRMS, MRS y DTI), pero como la Imagen por resonancia magnética es la que se usa más comúnmente consideré ponerte rápidamente al día acerca de esta técnica para darte una idea de su dificultad.

Para obtener una IRMF hay que poner a una persona dentro de una máquina realmente grande y realmente cara, que chasquea, zumba y golpetea durante un rato. El resultado de los chasquidos, zumbidos y golpeteos es que una computadora produce una imagen de lo que pasa en el cerebro de la persona.

Pero esta es la parte compleja (aunque, seamos honestos, para la mayoría de nosotros todo el jodido asunto es bastante complejo): no toma una foto de las neuronas (células cerebrales) en acción; en cambio, mide indirectamente la actividad cerebral tomando una medida electrónica de los cambios en la oxigenación de la sangre llamada contraste dependiente del nivel de oxigenación de la sangre (BOLD, por sus siglas en inglés). La base es que entre más activas sean las células cerebrales, más cambia la oxigenación de la sangre. Después, la IRMF transforma estos contrastes en «voxels», pequeños cubos tridimensionales (de 3 mm³) que son como los pixeles de una cámara digital.

Así que aunque no miden directamente la actividad de las células cerebrales, la IRMF mide tramposa e indirectamente las señales BOLD, que cambia mientras las células cerebrales están en acción, y convierten eso en el equivalente de IRMF de un pixel que, por razones que no tenemos por qué saber, se llama voxel. Mientras más activas sean las células cerebrales, más cambiará la oxigenación en la sangre, la señal de activación será más fuerte y los voxels de la imagen final también lo serán.

Qué inteligente.

Sí, así es.

¿Esto significa que podemos hacer todo tipo de declaraciones acerca del funcionamiento del cerebro porque podemos hacer que hagan determinada cosa y luego ver la hermosa imagen a base de voxels del cerebro?

Bueno, no, en realidad, no.

Oh.

Sí.

¿Y por qué no es tan fácil?

Resulta, tristemente, que hay una serie de problemas con hacer declaraciones definitivas basándose en IRMF del cerebro. No se trata simplemente de medir las señales BOLD en un bonito patrón de voxels en una parte del escaneo IRMF y que después nos diga cómo funciona el cerebro.

Lástima.

Sí, en verdad es una lástima.

¿Hay una razón simple que no sea demasiado extensa de explicar por lo que es así?

Seguro que sí: una lista de puntos clave. Déjame darte los puntos fundamentales de por qué hay que ser muy cuidadosos para decidir lo que las imágenes de una resonancia magnética (llamados comúnmente escaneos cerebrales) nos están diciendo:

* El problema más básico es que no puedes hacer exámenes de las habilidades en entornos de la vida real. Los exámenes se hacen mientras la persona está acostada dentro de una máquina, es decir, es un problema generalizar sus verdaderas habilidades en la vida real
* Las señales BOLD pueden variar dependiendo de qué parte del cerebro se está examinando, los tipos de tareas o estímulos empleados, la edad y la salud de la persona que se escanea y si ha consumido o no cafeína o nicotina (aunque esperamos que este factor no sea común en niños). Básicamente, varían bastante
* Encima de todo, las señales BOLD también pueden ser diferentes en una misma persona en diferentes momentos, lo que dificulta que se establezca una base
* A veces, la parte del cerebro que nos interesa es demasiado pequeña como para que sobresalgan los patrones de voxels. Actualmente, los científicos están trabajando en IRMF que puedan obtener voxels de $1\,MM^3$, lo que será de gran ayuda, aunque aún no hemos llegado a ello
* No sabemos cómo influye el desarrollo de las áreas cerebrales de los niños en las señales BOLD. Algunos estudios han mostrado similitudes entre las señales BOLD de los niños y de los adultos, pero aún quedan muchas cosas que deben aclararse antes de que podamos hacer declaraciones definitivas sobre la interpretación de los escaneos de IRMF en los niños

- Los esquemas que se usan para analizar los resultados son muy complicados. Hay muchos ejemplos en los textos de investigación en los que los argumentos se rechazan porque un grupo de investigadores dice que otro grupo de investigadores se equivocó en sus cálculos y por lo tanto sus resultados no son los que pensaban que eran

Lo importante es que las cosas que oímos sobre los «escaneos cerebrales» no están tan afianzadas como parecen. Hay más afirmaciones de lo que las IRMF han demostrado que peces en el mar, y sin duda se harán muchas más. No digo que todo sea basura, porque una máquina que cuesta cerca de tres millones de dólares tiene que servir para algo; lo que *estoy* diciendo es que tenemos que ser cuidadosos antes de saltar a un montón de conclusiones de lo que estas imágenes nos dicen sobre nosotros y, particularmente, acerca de nuestras hijas.

Quizá sea mejor dejar que un científico real, el doctor John T. Bruer (que ha escrito extensamente acerca de su escepticismo respecto a los frecuentes reclamos hechos contra las implicaciones de la ciencia neuronal al mundo real), nos dé su opinión:

Si los científicos cerebrales quieren impedir que su trabajo sea malinterpretado, tienen que ser más críticos con la forma como presentan su investigación a los educadores y al público y, en particular, tienen que ser cuidadosos cuando hacen incluso la más inocente especulación sobre la importancia práctica de la investigación básica. Tienen que recordarle al público interesado que apenas estamos en el inicio de nuestra pesquisa científica sobre cómo las estructuras neuronales implementan las funciones mentales y cómo las funciones mentales establecen el comportamiento.

La cosa acerca de las investigaciones basadas en IRMF, si lo resumimos a los huesos, es que a menos que seas muy riguroso en cómo diseñas, aplicas, analizas, interpretas y hablas acerca de tu estudio, hay un riesgo bastante grande de que cualquier cosa que digas sea parcialmente, si no completamente, mierda.

Bueno, ahora que comprendemos ligeramente mejor algunas de las limitaciones del «escáner cerebral», y que estamos más alertas de qué tan irrazonablemente persuasiva es la simple mención de la ciencia cerebral, volvamos a echar un vistazo a algunas de esas atrevidas afirmaciones.

«Las niñas tienen un oído más sensible que los niños»

Esta afirmación es importante porque en el pasado fue una justificación biológica importante para la creación de escuelas sólo para niños o sólo para niñas. Ya veremos algunos argumentos sobre las escuelas de un solo sexo y las escuelas mixtas en lo concerniente a las niñas en el capítulo 10, pero por ahora, veamos la afirmación en sí misma. Algunos autores afirman que si un hombre de cuarenta y tres años le habla a su hija de diecisiete en lo que él cree que es una voz normal, ella lo escuchará diez veces más fuerte que él.

¡Santos tímpanos, Batman, es una diferencia considerable!

Aun más, si esto fuera cierto, tendría implicaciones importantes en cómo les hablamos a nuestras hijas y también en cómo las tratamos en la escuela. La lógica sería que, ya que la investigación ha demostrado que el oído de las niñas es mucho más sensible que el de los niños, a las niñas les iría mejor en las clases en las que el profesorado hablara bajo (es decir, maestras) mientras que a los niños les iría mejor en las clases en las que el profesorado hablara alto (es decir, maestros).

¿Qué hay de cierto en esto?

Bueno, resulta que los académicos han discutido extensa y acaloradamente al respecto. Así que permíteme resumir cómo veo yo el asunto, equilibrando la revisión de la investigación real acerca de las diferencias auditivas de niños y niñas, y las afirmaciones opuestas que se han hecho basándose en estas diferencias.

Esencialmente, no hay diferencias significativas entre el oído de los niños y el de las niñas.

¿No hay diferencias significativas?

Nop.

Así que ¿de dónde viene esa afirmación?

Es una buena pregunta, porque cuando vi la investigación que se utilizó para justificar estas extravagantes afirmaciones sobre las diferencias auditivas, me pareció bastante claro que el panorama real era que, en promedio, hay pequeñas diferencias entre los oídos masculinos y femeninos, y montones de coincidencias. Esto significa que, mientras que en total hay una diferencia en la sensibilidad auditiva *promedio* de las niñas y los niños, hay un montón de niñas y un montón de niños que están más arriba o más abajo de sus respectivos promedios.

En promedio hay pequeñas diferencias y montones de coincidencias: es una frase importante, y tienen que recordarla porque va a salir una y otra vez en nuestro curso. Por ahora, sin embargo, si alguien alguna vez les dice que hay grandes diferencias entra las sensibilidades auditivas de los niños y las niñas, recuerden que en realidad no las hay.

«El sistema visual de las niñas está conectado de manera completamente distinta al de los niños»

¿Por qué las niñas tienden a hacer dibujos con muchos colores brillantes, flores, casas y nubes, mientras que los niños hacen dibujos de monstruos con pistolas en lugar de brazos, que disparan a otras pistolas, y que montan tanques mientras lanzan arpones con forma (también) de pistola?

Esta es una pregunta interesante, porque si entran a cualquier salón de clases pueden ver que hay una marcada diferencia entre las obras de arte que producen las niñas y las obras de arte que producen los niños. Para explicarlo, algunos escritores y comentaristas han recurrido a nuestra vieja amiga, la ciencia cerebral, y han vuelto con material bastante persuasivo.

Primero, déjenme decirles la parte que es verdad.

Resulta que es cierto que *hay* diferencias entre las retinas femeninas y masculinas. Estudios microscópicos de la anatomía celular de la retina muestran que las retinas de las mujeres son más delgadas porque contienen más «células ganglionares de tipo P», que son más pequeñas y que se especializan en detectar bordes y color, mientras que las retinas masculinas son más gruesas porque contienen más «células ganglionares de tipo M», que son más grandes y que se especializan en detectar movimiento y profundidad.

Como resultado, esto explica que los niños y las niñas hagan diferentes dibujos. Los ojos de las niñas están conectados de modo que les permiten dibujar lo que realmente ven, muchas cosas con muchos colores. Los ojos de los niños, por otro lado, están conectados de modo que les permiten dibujar lo que ven, básicamente escenas de acción con mucho color. Nos dicen que estas diferencias entre las conexiones de los niños y las niñas son grandes y muy importantes.

Muy bien.

Excepto, claro, que han dejado de lado un elemento muy importante: que estas investigaciones hablan de la microanatomía de las retinas de las ratas.

¿Ratas? ¿O sea, ratas, los pequeños roedores nocturnos?

Así es: ratas.

¿No es un poco... ya sabes... mierda?

Así es, como dices, es un poco mierda.

¿Y han visto las retinas de niños humanos?

Sí. Y, ¿te sorprendería saber que en promedio hay muchas pequeñas diferencias y montones y montones de coincidencias?

En realidad, no.

Parece que, una vez más, la ciencia que esta gente cita no apoya realmente sus argumentos. Hay diferencias en el grosor promedio de las retinas humanas masculinas y femeninas, pero es una diferencia muy pequeña (algo alrededor del 3%), y hay un montón de diferencias individuales entre niñas y niños. Así que sea cual sea la razón de las diferencias en los dibujos de las niñas y los niños, no parece tener mucho que ver con las diferencias de conexiones de sus ojos.

«Las niñas pueden hablar de sus sentimientos mejor que los niños, porque las dos partes de su cerebro se conectan a una edad más temprana que las de los niños»

Mira, aquí mismo tenemos una muestra de máxima calidad de seudociencianeurosexual sin sentido. Como todo lo demás, suena fantástico, y además contiene justo lo suficiente de ciencia como para que parezca que es algo que Albert Einstein escribió en los baños del Instituta von Scientifi ca Studienschaft. Es lo más cercano a una rima humorística perversa que hubiera creado una gran mente científica como la suya.

Una de las razones por las que parece tan científicamente ingeniosa es que, por regla general, las niñas sí hablan más de sus sentimientos que los niños, y entonces lo único que tienes que hacer es añadirle un poco de ciencia neuronal para obtener algo que los periodistas y los «expertos en crianza» regurgitarán *ad infinitum*.

Espero que a estas alturas empieces a responder un poco «sí, claro» cuando leas este tipo de cosas. Así que, ¿cuál es la verdad? Bueno, esta afirmación —y sus variaciones— surgió aparentemente de un estudio de 2001 realizado en un gran total de diecinueve niños de entre nueve y diecisiete años. Lo que los investigadores buscaban era esencialmente el nivel de comunicación entre dos partes importantes del cerebro: la corteza prefrontal y la amígdala. La razón por la que observaban estas dos partes del cerebro era que la amígdala es una parte clave en la «producción» esencial de emociones, y la corteza prefrontal es donde organizamos e interpretamos la información que viene de la amígdala. Es un poco como si la amígdala y la corteza prefrontal tuvieran una conversación para decidir cómo nos sentimos y por qué.

Efectivamente, y puesto en forma cruda, si esas dos partes de tu cerebro no hablaran entre ellas de lo que estás sintiendo, no podrías decir qué estás sintiendo o por qué. En la realidad es mucho más sutil que eso, pero esa es la lógica que proponen los aficionados a la seudociencia.

Lo que el estudio original reportaba era que parecía haber una diferencia estadísticamente significativa entre el desarrollo de esas conexiones en las niñas y en los niños. La buena noticia para ti, como padre de hijas, es que parece que las niñas desarrollan, mucho antes que los niños, mejores conexiones entre estas dos partes del cerebro. El único problema —aunque, en realidad, hubo bastantes problemas como puedes ver por ti mismo, pero yo simplemente hablaré de este— fue que el estudio se basaba en los resultados de diecinueve niños. En términos científicos es un número ridículamente pequeño y presenta enormes problemas acerca de qué tan válidos son estos resultados en una población más amplia, la de todas las niñas y todos los niños. Los mismos autores del estudio lo especificaron, pero esto no sirvió para evitar que un montón de gente hiciera un montón de afirmaciones descaradas y ridículamente forzadas de lo que expusieron.

«Las niñas hablan más que los niños»

Pensarás que al menos esta es verdad. ¿Seguro que esta tiene que ser verdad? La mayoría de nosotros, los hombres, suponemos que las mujeres hablan más que nosotros. Es el tema de muchas comedias y de expresiones de hartazgo entre esposos y padres.

Parece que las niñas hablan mucho más que nosotros.

Pero no.

No puedes hablar en serio.

En realidad, sí. Una vez que dejes de quejarte y trates de encontrar apoyo científico para esta aseveración, se hace evidente que no lo hay. Una vez dicho esto, hay un estudio realizado por el doctor Matthias Mehl, un psicólogo de la Universidad de Arizona, que les dio a cuatrocientos hombres y mujeres una grabadora que se activaba con la voz y después contó el número de palabras que cada persona utilizó en el curso de un día.

¿Y qué descubrió?

Hablaban más o menos la misma cantidad.

¿Estás bromeando?

No.

¿Quieres decir más o menos lo mismo «pero las mujeres hablaban un poco más»? O ¿más o menos lo mismo?

Quiero decir más o menos lo mismo. Hubo muchas variaciones entre los grupos de hombres y mujeres; unos hablaban mucho más y otros mucho menos, pero en promedio hablaban más o menos lo mismo. Hasta donde sé, nadie ha hecho ninguna investigación para saber cuánto hablan los niños, pero supongo que descubrirán que es también más o menos lo mismo.

¿Sin embargo, qué de los adolescentes? Seguro que en ese periodo las chicas hablan mucho más que los muchachos.

Tal vez, pero también me atrevería a suponer que si les dieran una grabadora que se activa con la voz a un montón de adolescentes, probablemente descubrirían que los muchachos hablan mucho menos con sus padres que las chicas, pero creo que terminarían hablando más o menos lo mismo entre ellos o con las chicas. Sin embargo, que conste que señalé que, que yo sepa, nadie ha hecho un estudio así, es sólo una suposición.

«Las niñas son mejores en español, los niños son mejores en matemáticas»

Aquí hay abundantes buenas noticias para los padres de niñas, porque hay evidencia clara de que a las niñas les ha estado yendo mejor en la escuela y muchas de las distancias que solía haber entre niños y niñas se han acortado. En efecto, se han realizado varios estudios que muestran que las niñas han acortado la distancia con los niños en matemáticas. De hecho, las niñas han cerrado todo tipo de distancias y están tomando el asunto de la escuela con bastante entusiasmo. Parece que muchas de las diferencias de género históricas que hemos visto entre niños y niñas en cuanto a materias como matemáticas y ciencia están más basadas en las expectativas que en las habilidades. Como las niñas continúan mejorando en todos los aspectos de la educación y comenzaron a verse a sí mismas de diferente modo, estas diferencias tradicionales se están difuminando. Hablaremos más de la escuela en el capítulo 10, pero, por ahora, reconfórtense con el hecho de que hay bastante evidencia de que las niñas pueden hacer matemáticas tan bien como los niños.

Sí, sí, pero...

El problema de que diga esto es que parece que va en contra de lo que he dicho, ¿no? Parece que estoy argumentando que los niños y las niñas son iguales, cuando cualquier idiota puede ver que no lo son. Sólo tienen que entrar en cualquier patio de recreo y pasar unos minutos observando cómo juegan los niños para ver que estos y las niñas sí parecen ser muy diferentes en cómo resuelven la mayoría de las cosas. Por regla general, los niños están corriendo por todas partes gritando y las niñas están paradas por todas partes platicando. Una generalización burda, lo sé, pero algo tiene de verdad.

No estoy diciendo que niñas y niños sean lo mismo; estoy diciendo que encontrar explicaciones basadas en la ciencia neuronal para esas diferencias no es tan apropiado como algunas personas quieren que crean. Es probable que haya diferencias neurológicas entre las niñas y los niños, pero el patrón más consistente, por mucho, que emerge cuando excavas bajo la seudociencia hacia la *verdadera* ciencia, es que las diferencias son, en promedio, muy pequeñas, y hay muchas variaciones individuales.

DATOS RELEVANTES DE
MARTE, VENUS Y LA SEUDOCIENCIA SEXUAL

✓ Siempre sé precavido cuando la gente empiece a usar la ciencia neuronal y los «escaneos cerebrales» para apoyar sus argumentos: hace que las cosas suenen más convincentes de lo que son.

✓ Hay un montón de teorías acerca del «cerebro masculino» y el «cerebro femenino», pero una mirada más objetiva a la ciencia muestra que, en promedio, hay pequeñas diferencias y muchas coincidencias.

8

Osos, loqueros escandinavos perversos y una hipótesis reveladora

U NA VEZ, EN WISCONSIN, casi me come un oso. Fue hace mucho, en 1994; acababa de ir a Mineápolis con unos colegas a una conferencia sobre cómo tratar a abusadores sexuales. La conferencia en sí había estado bastante aburrida, excepto por una plática extremadamente interesante de unos escandinavos. Su charla fue sobre «rehabilitación masturbatoria», que más que nada es lo que sugiere el nombre: básicamente, es una forma de modificar las perversas fantasías de los abusadores sexuales. Hasta ese punto, las conferencias habían sido de tipos de traje que hablaban frente a interminables presentaciones de Power Point con gráficas y estadísticas; informativas, por supuesto, pero tan aburridas como para que uno pensara en ver qué tan lejos podía empujar un lápiz a través de su nariz antes de que su brazo izquierdo se paralizara y empezara a convulsionarse.

Después llegaron los loqueros escandinavos perversos, gloriosamente liberales. En vez de hablar simplemente de lo que hacían, esos locos europeos nos dieron un tour diapositiva por diapositiva —en una sala llena principalmente de estadounidenses y «profesionales» un tanto reservados—, de las imágenes de fantasías sexuales «saludables» que usaban con sus clientes. Resultó que la definición escandinava de «saludable» era bastante más colorida que la del resto del mundo. Lo suyo era como un sándwich multicolor de LSD de estilos de vida alternativos.

Nosotros, pequeño grupo de neozelandeses entretenidos, nos quedamos sentados en una sala mortalmente silenciosa —con el tipo de silencio que solamente puede resultar de la abyecta mortificación— y tratamos de no reírnos a escondidas mientras el espeso silencio se rompía sólo con los movimientos incómodos y dolorosos de las piernas de pantalones beige. Durante todo el rato, imágenes de transexuales, escenas de esclavitud, sexo *gay*, sexo lésbico, sexo de esclavitud *gay* y transexual y otras cosas que parecían no tener nada que ver eran se mostraban en gloriosas imágenes de 1.80 x 1.80 en alta definición.

Fue una de las presentaciones más divertidas que he visto, incluso sí fue graciosa por todos los motivos incorrectos.

Poco después de eso, dejamos la conferencia y nos pasamos el resto del día paseando por los bosques del Wisconsin rural, buscando osos negros. En retrospectiva, no sé por qué lo hicimos, aparte de que teníamos la vaga idea de que sería muy emocionante ver uno. No lo vimos, pero estoy convencido de que ellos nos vieron a nosotros y de que casi nos comen. No tengo evidencias reales al respecto. Es sólo una corazonada.

Lo que es aun más interesante es que si me hubiera quedado otros once años, hubiera podido pasar por la Universidad de Wisconsin y hubiera conocido a la profesora Janet Shibey Hyde, que desarrolló una hipótesis muy interesante y muy relevante que es tan tranquilizadora como confusa.

No nos quedamos once años. Ese mismo día volamos y fuimos a un bar de blues en Chicago, luego nos seguimos a Nueva York donde, como todos los turistas, paseamos entre impresionados y absolutamente paranoicos porque unos asaltantes nos fueran a atacar. Me encanta Estados Unidos. Siempre me ha encantado, incluso a lo largo de los años de George W. Bush, cuando todos odiaban Estados Unidos. Aun cuando no estaba de moda adorar Estados Unidos, yo lo amaba. El presidente Obama volvió a ponerlo de moda en 2009,

PADRES QUE CRÍAN HIJAS

pero algunos de nosotros estuvimos ahí incluso antes de que Obama venciera a Sarah Palin y al otro tipo. ¿Cómo alguien podría no amar un lugar donde hacen donas tan fantásticas?

Aparte de esto, me hubiera gustado hablar con la profesora Hyde porque el artículo que publicó en 2005 es, en mi opinión, un testimonio notable de que los hombres y las mujeres están muy lejos de estar muy lejos. Ella demostró claramente que somos mucho más parecidos que diferentes.

Lo que hizo fue analizar las conclusiones de todas las investigaciones sobre atributos masculinos y femeninos que se habían hecho hasta el momento. En los periódicos científicos la gente escribe, a grandes rasgos, dos tipos de artículos: los que describen un trabajo de investigación individual (digamos, un experimento sobre el desempeño en razonamiento abstracto de hombres contra mujeres); los que proveen un resumen de un gran número de artículos sobre un área en particular (otra vez, digamos, razonamiento abstracto) para saber cuál es el «panorama» de un tópico particular. La profesora Hyde esencialmente revisó las revisiones de los estudios basados en el género de atributos y habilidades, astutamente llamados «meta-revisiones», para ver cuál era el «*gran* panorama», el kit completo.

Después, la profesora Hyde analizó estadísticamente los resultados de las revisiones de investigación, y observó 128 habilidades-atributos. Aquí es donde se pone interesante y es enormemente relevante para la vida diaria de los papás que crían hijas, porque si escuchaste toda la psicología pop de Marte y Venus que hay por ahí los resultados deberían mostrar claramente que los niños y las niñas son tan diferentes como barras de chocolate y cacahuates enchilados.

Por eso, lo que ella descubrió es tan increíblemente sorprendente: 82% de las variables-atributos psicológicos no mostraban *ninguna diferencia* entre hombres y mujeres. De esta abrumadora mayoría de variables que no mostraron diferencia alguna, los siguientes 23

ejemplos son una pequeña muestra de las áreas en las que los caballeros y las damas salieron empatados:

- Matemáticas
- Comprensión de lectura
- Vocabulario
- Ciencia
- Atribución del éxito y del fracaso en las tareas
- Locuacidad (en niños)
- Procesamiento de expresiones faciales
- Resultados en negociaciones
- Comportamiento de ayuda
- Estilo de liderazgo
- Neurosis
- Franqueza
- Satisfacción de vida
- Autoestima
- Felicidad
- Síntomas depresivos
- Sobrellevar situaciones
- Razonamiento moral
- Uso de computadoras
- Preferencia laboral según los retos
- Preferencia laboral según la seguridad
- Preferencia laboral según las ganancias
- Preferencia laboral según el poder

En 11% de las variables psicológicas hubo una *diferencia moderada*
entre hombres y mujeres, y fueron las siguientes (entre paréntesis
está indicado el sexo que tuvo un puntaje más alto):

- Ortografía (mujeres)
- Lenguaje (mujeres)
- Rotación mental (hombres)
- Percepción espacial (hombres)
- Sonreír (mujeres)
- Sonreír: sabiendo que son observados (mujeres)
- Agresión: de todo tipo (hombres)
- Agresión física (hombres)
- Agresión verbal (hombres)
- Extroversión: efectividad (hombres)
- Estimación del cuerpo (hombres)
- Correr (hombres)
- Nivel de actividad (hombres)
- Eficacia con las computadoras (hombres)

5.5% de las variables psicológicas examinadas en las múltiples revisiones muestran una *gran diferencia* entre hombres y mujeres:

- Razonamiento mecánico (hombres)
- Visualización espacial (hombres)
- Agresión física (hombres), en algunos estudios
- Masturbación (mujeres... no, estoy bromeando, en realidad fueron los hombres)
- Postura ante el sexo casual (hombres)
- Amabilidad: compasividad (mujeres)
- Fuerza de agarre (hombres)

¿Y cuáles creen que fueron las *más grandes diferencias* entre hombres y mujeres? Cuando todos los estudios, sobre todo lo que hacen los niños y las niñas, se amontonaron, se midieron, se catalogaron y se

pusieron cuidadosamente en una botella de formol para entreteni-
miento y edificación de los niños pequeños que vayan al Espantoso
Museo de Maravillas y Curiosidades Científicas del doctor Phibe, las
mayores diferencias entre los sexos fueron estas:

- Velocidad a la que se lanza un objeto (hombres)
- Distancia a la que se lanza un objeto (hombres)

Eso significa que si tienes un grupo de gente y quieres separarlo en
niñas y niños sin siquiera verlos, lo mejor será que les hagas lanzar
una pelota a todos. Pon en un grupo a los que puedan lanzarla lo
más lejos y lo más rápido, y la otra parte probablemente estará
formada por niñas.

Moraleja de la historia

Si esta historia tuviera una moraleja, sería esta: somos mucho más
similares a nuestras hijas que diferentes. Si de verdad fuera cierto que
todos somos de diferentes planetas, uno esperaría que los números
dieran el resultado contrario, 82% de atributos que mostraran una
gran diferencia y sólo 2% que no fueran diferentes. Para mí, este es
un punto sumamente importante porque significa que —a pesar de
los tacones altos y la obsesión con las hadas— nuestras hijas no son
tan extraterrestres como pensábamos en un principio. Por supuesto
que hay diferencias, pero fundamentalmente somos mucho más
parecidos que diferentes. Ella ve el mismo mundo que tú, escucha las
mismas cosas, es capaz de hacer muchas de las cosas que tú haces.
    Sí, sí, pero, ¿cómo pueden parecer tan diferentes?
    Buena pregunta, y la respuesta está donde empezamos: tacones
altos y zombis. Hay diferencias entre las damas y los caballeros que

parecen ir más allá de los zapatos. Está muy bien decir que compartimos cerebros bastante similares, y que tenemos atributos y habilidades bastante similares, pero eso no nos satisface realmente.

Parece un poco... ya sabes... cojo.

Bueno, parece que hay algunas diferencias interesantes entre hombres y mujeres, pero mientras más te acercas a los elefantes, más desaparecen.

DATOS RELEVANTES
DE OSOS, LOQUEROS ESCANDINAVOS PERVERSOS Y...

✓ Cuando se revisaron las investigaciones sobre las diferencias entre las habilidades y los atributos de hombres y mujeres, resultó que somos mucho más similares que diferentes.

✓ Las diferencias son evidentes, pero hay muchas más similitudes entre los sexos.

✓ Aunque pueda parecer que tu hija es de otro planeta, no lo es. Es mucho más parecida a ti de lo que se ve.

9

Desarrollo de la personalidad, diferencias de género y por qué los elefantes son magníficos niveladores

ALGUNAS NIÑAS SON DULCES, otras no. Incluso, algunas niñas son lo opuesto a lo dulce, tanto que pueden prenderle fuego a una habitación con un gesto de desdén.

Katey era así. Tenía trece años y la habilidad de convertir un buen momento en un desastre sin fallar una sola vez. Era como una fuerza destructiva de la naturaleza en forma de niña. Si fuera una película de la *Guerra de las galaxias*, se llamaría Darth Katey. Si fuera una película de los *X-men*, se llamaría Gritarina. Si algo podía quemarse, ella lo hacía cenizas; y si no se podía, lo intentaba hasta que encontraba el modo.

Era *buena*.

Sus padres estaban consternados. No podían desentrañar qué habían hecho mal, porque su hermanita menor era una niña muy tranquila. Así que vinieron a verme, sin las niñas, para tratar de descifrarlo.

—Yo simplemente no sé en qué está pensando —dijo su padre.

Me encogí de hombros.

—Tom, no eres el primer papá al que he oído decir eso.

Mary, la desafortunada madre de Katey, se sentó junto a su marido, parecía devastada. Simplemente sacudió la cabeza con tristeza, como hubiera hecho alguien que perdió a su hijo en un paseo por la Estación Espacial Internacional (que, gracias a Wolfram

Alpha (un buscador bastante increíble), ahora sé que en este preciso momento está a 18 000 km de las Filipinas).

—No entiendo por qué Sally es tan agradable y Katey puede ser tan... tan... —se fue callando, sin saber con seguridad cómo terminar la oración.

—¿Cabrona demoniaca del infierno? —sugerí.

Se rió, pero como diciendo «es gracioso porque es cierto».

—Sí. O sea, desde el primer día, Sally ha sido una niña tan tranquila. Hace lo que le dicen, nunca se enoja realmente por nada, hace sus tareas sin quejarse... Pero Katey, santo Dios.

—¿Estaría en lo correcto si dijera que Katey ha sido necia desde el principio?

Ambos asintieron.

—Apostaría a que ha sido necia desde el vientre.

Mary sonrió, por primera vez.

—La verdad es que sí. Si me acostaba mal, ella me pateaba hasta que me movía.

—¿Y siempre fue especial en el modo como le gustaba que se hicieran las cosas?

Asentimientos.

—¿Y cuando quería que se hicieran las cosas?

Asentimientos.

—¿Y era tolerable, poco, pero tolerable hasta justo antes de que llegara a la adolescencia?

Asentimientos de empatía.

—Eso es lo que había pensado. Bueno, la buena noticia es que va a crecer y va a salir de esto, o al menos va a empezar a sosegarse un poco.

Me dio la impresión de que ambos se relajaron ligeramente.

—Gracias a Dios —suspiró Tom—, ¿cuándo?

Lo pensé por uno o dos segundos.

—Cuando cumpla como cincuenta años.

Y fue como si hubiera arrojado un balde de agua fría en medio de la habitación.

Por supuesto, no era la historia completa. Ella empezaría a sosegarse significativamente cuando llegara a los cincuenta (aunque para entonces, sus padres seguramente estarían muertos, así que para ellos no era ningún alivio), pero podían esperar que las cosas mejoraran bastante antes. Aún así, si primero les dices que a los cincuenta y después les dices que en realidad va a empezar a cambiar un poco antes, el sentimiento de alivio es mucho mayor.

La personalidad y «los cinco grandes»

Hubiera sido mucho más genial si los psicólogos hubieran identificado «los tres grandes» —sobre todo porque el tres es un número mucho más genial que el cinco—, pero no fue así. Por alguna razón, a los investigadores les interesa más describir con precisión sus descubrimientos que la genialidad. Esto, supongo, es algo bueno, porque la ciencia es más rigurosa, pero es una verdadera lástima para aquellos que intentamos destacar el lado genial de la ciencia.

«Los cinco grandes» puede ser más preciso, pero «los tres grandes» es, simplemente, más genial.

Ahora, dejando esto de lado, estoy seguro de que probablemente querrán saber cuáles son esos cinco grandes. Es justo. Los psicólogos se han interesado en la personalidad durante un buen tiempo. La razón es bastante obvia, la «personalidad» es una parte esencial de lo que somos; de algún modo, es la parte más importante, ya que forma la manera como vemos y experimentamos el mundo, y cómo nos ven los otros de vuelta.

Si alguien te dice que el nuevo jefe es un poco enojón y necio, instantáneamente sabes mucho sobre él. Sobre todo sabes que no quieres pasar mucho tiempo con él. De modo similar, si te dicen que el nuevo jefe es un buen tipo, pero que es un poco pesado con los detalles, entonces sabes que te espera un camino variado. Todo esto es la personalidad; son los rasgos y las debilidades que nos hacen quienes somos. Aunque los psicólogos son famosos por estar en desacuerdo, una de las áreas en las que parecen coincidir es en la investigación de la personalidad. Ahora, es bastante aceptado que hay cinco «súper rasgos» que esbozan un panorama general de la estructura de la personalidad de los adultos. Son los siguientes:

- Visión de rayos x
- Fuerza sobrehumana
- Invulnerabilidad
- Miembros súper elásticos
- Telequinesis

No, no es verdad. Una vez más, sería genial que así fuera, pero tristemente los súper rasgos no son cosas como la visión de rayos x y la telequinesis. En realidad, los súper rasgos son las características generales de alto nivel que definen nuestra personalidad. En cada uno de estos rasgos generales los investigadores describen rasgos de bajo nivel para ayudar a precisar el panorama, pero no quiero enturbiar demasiado el asunto, así que por ahora permíteme destacar brevemente estos «súper rasgos», esta vez en serio:

1. ***Extraversión – emocionalidad positiva:*** Describe la tendencia de una persona a relacionarse activa y positivamente con el mundo. La gente extrovertida es franca, cordial y enérgica (por ejemplo, los comediantes). En el otro extremo de este súper rasgo, la gente es introvertida, callada, dócil, inhibida y apática (por ejemplo, los no comediantes).

2. **Neurosis – emocionalidad negativa:** Este súper rasgo se relaciona con la susceptibilidad de una persona a experimentar sentimientos negativos, a deprimirse y a sentirse ansiosa, vulnerable o culpable. Se trata de qué tanto le hieren a uno las cosas.

3. **Responsabilidad – autocontrol:** Este súper rasgo describe la tendencia de la gente a dirigir su habilidad para controlar sus pensamientos y su comportamiento. La gente que tiene este súper rasgo alto es responsable, atenta, persistente y generalmente tiene sus asuntos bastante en orden. Si tiene bajo este rasgo, tiende a ser irresponsable, descuidada y distraída.

4. **Amabilidad:** Este súper rasgo determina si es agradable estar con alguien o si es una pequeña molestia. Si la gente lo tiene alto, tiende a ser cooperativa, considerada y empática. Si lo tiene bajo es más agresiva, grosera, desdeñosa y manipuladora.

5. **Apertura a las experiencia – intelecto:** Este súper rasgo es el más polémico de todos —sobre todo porque los investigadores aún discuten su nomenclatura—, pero básicamente describe la tendencia a ser imaginativo y creativo, qué tan rápido se es para aprender y qué tan intuitivo.

Al usar estos cinco súper rasgos como marco de trabajo organizacional, los investigadores han aprendido un montón de cosas interesantes sobre lo que nos hace ser lo que somos y, de particular relevancia para ti y para mí, algunas cosas interesantes acerca de las diferencias de personalidad entre los sexos. Esencialmente, la investigación sobre personalidad confirma el viejo estereotipo de que es más probable que los papás dejen que sus hijos brinquen de un árbol y que las mamás les digan que tengan cuidado. Resulta que, en general, los hombres suelen ser más enérgicos y corren más riesgos, mientras que las mujeres tienden a ser más ansiosas que los hombres y más sensibles. Algo realmente interesante es que estas diferencias sexuales en la personalidad se pueden detectar en la infancia y se mantienen más o menos constantes a lo largo de la vida.

Así que parece haber cierto soporte científico de que los hombres son mejores piratas. Bien, ¿no?

Sin embargo, recuerda lo que dijimos en los capítulos anteriores acerca de como los «hechos» científicos son descritos más adecuadamente como diferencias en promedio con muchas variantes. Así que, aunque en las fiestas es un éxito soltar ideas como que hay soporte científico de que los hombres son mejores piratas que las mujeres, en un nivel individual este tipo de cosas no son fijas. Seguro que debe haber niñas ansiosas, pero también hay niñas temerarias que buscan emociones fuertes.

Los elefantes son grandes niveladores

Aquí es donde la cosa se pone realmente interesante, porque los investigadores también han descubierto que si van de países prósperos a países menos desarrollados, las diferencias sexuales en la personalidad son menos extremas. Esto no significa que estos países sean más equitativos que los nuestros —en realidad algunos de ellos son más represivos es su visión de los roles sociales de hombres y mujeres—, pero lo que sí sucede es que los hombres y las mujeres se hacen más parecidos en el modo de expresar sus personalidades.

La gran pregunta es por qué.

Mi teoría, bastante sofisticada e ingeniosa, es que se debe a los elefantes. Si uno lo piensa, ¿cuántos elefantes hay en el mundo desarrollado? No muchos, ¿verdad? Por lo general uno no ve elefantes vagabundeando por la Quinta Avenida o dando vueltas en Piccadilly Circus, en Londres, o paseando por los centros comerciales de Wollongong en Australia, o incluso en los jardines botánicos de Oamaru en Nueva

Zelanda. No es frecuente que veas elefantes haciendo fila en el Coliseo de Roma (aunque eso tendría más que ver con las malas relaciones de los elefantes con varios césares). Con dificultad habría elefantes caminando por las calles adoquinadas de Praga, o por la bulliciosa metrópolis de Taipei.

Pero, ¿cuántos elefantes hay en las naciones en desarrollo?

Pilas.

Montones. Están vagabundeando en las sabanas y en las selvas tropicales y en las selvas menos tropicales.

Desde mi punto de vista, los elefantes tienen un efecto reflexivo en la gente. La simple visión de un elefante que pasea lentamente es suficiente para detener a una multitud. Son grandes y grises, y no toleran las estupideces. Yo pienso que a los elefantes simplemente no les gustan las diferencias de género en la personalidad, así que se paran encima de ellas y las rompen.

Por supuesto, los científicos tienen una teoría realmente aburrida de que la razón por la que las diferencias sexuales se hacen más extremas en los países ricos es porque los hombres y las mujeres tienen un acceso más equitativo a la educación y a la posibilidad de prosperar económicamente, y por lo tanto tienen el tiempo, el dinero y los recursos para hacer un poco más sus cosas. Las diferencias de género en la personalidad parecen ser artículos de lujo.

Aburrido, ¿no?

Por eso, yo me quedo con mi teoría de los elefantes.

Una gran aventura específica

En 1972 un grupo de investigadores de la Universidad de Otago en Dunedin, Nueva Zelanda, tuvo una idea interesante. Se preguntaron qué podrían averiguar si les pedían a todos los padres de la ciudad que llevaran a sus hijos recién nacidos para estudiarlos. Enviaron algunas cartas y, para su sorpresa, las familias de todos los bebés que nacieron ese año en la ciudad —1037 personas para ser exactos— aceptaron participar en el estudio.

Un par de años después, cuando los bebés tenían cinco años, enviaron cartas otra vez, sólo para ver qué podían averiguar ahora que los bebés habían avanzado un poco en el camino. Increíblemente, regresó algo así como el 96% del grupo original. Las cosas que los investigadores averiguaron acerca de los cambios que los niños sufrieron a lo largo de esos pocos años fueron realmente interesantes.

Lo que es aún más sorprendente fue que el investigador en jefe, un hombre increíblemente ingenioso, tenaz y apasionado, el profesor Phil Silva, se preguntó qué pasaría si seguían adelante.

Para siempre.

Es un testimonio de la pasión y la dedicación al estudio de Phil Silva, y de los muchos investigadores que vinieron después de él, en los treinta y siete años que el proyecto ha continuado. Ahora, el estudio es dirigido por el profesor Richie Poulton, que tiene la responsabilidad única de supervisar una de las más magníficas aventuras científicas de la historia mundial.

Lo que lo hace un asunto tan grande es que cada tres años convocan a los miembros del estudio que siguen vivos y que pueden viajar a Dunedin durante varios días para realizar exámenes y cuestionarios sobre cualquier cosa desde sus relaciones hasta su presión sanguínea y el estado de sus encías. Es un estudio verdaderamente multidisciplinario en el que participan psicólogos, dentistas, doctores e investigadores de todos los colores y sabores de todas partes del mundo. Si las personas no pueden viajar —como los miembros originales del estudio que estén en prisión, por ejemplo— entonces los investigadores van a ellos.

Increíblemente, en la última fase del examen, cuando los miembros del estudio tenían treinta y cinco años, un total de 96% de los bebés de 1970 participaron en la ronda de evaluaciones. Para poner ese dato en perspectiva, tienen que saber que en la mayor parte de los estudios longitudinales, el número de gente que permanece después de un periodo de tiempo tan largo es alrededor de 30% o 40%, lo que significa que la mayoría del grupo se pierde por cualquier cantidad de motivos imaginables. En el estudio de Dunedin, continúan casi todos los que siguen vivos.

Y eso es algo enorme.

El Estudio Multidisciplinario de Salud y Desarrollo de Dunedin (DMDHDS, por sus siglas en inglés), como se le conoce, retira las capas de lo que nos hace ser lo que somos. Es una información verdaderamente única sobre cómo nos afectan los eventos de nuestra vida, los grandes y los pequeños. Sólo por eso les debemos a los investigadores y a los participantes del estudio una enorme gratitud, porque nos ayudan a comprender lo que nos hace ser lo que somos. Es un estudio vivencial en una escala verdaderamente impresionante.

Enséñale a tu hija a conducir su personalidad

El estudio de Dunedin ha hecho algunos descubrimientos relevantes en particular que, según yo, pueden ser de gran ayuda para aquellos que están educando niños. Los investigadores de Dunedin encontraron que en los niños de tres años son evidentes cinco estilos de comportamiento diferentes, y que estos estilos determinaron cómo iban a ser en muchos aspectos de su vida veintitrés años después. Esto significa que podemos usar estos elementos científicos rigurosamente examinados como un instrumento que nos ayude en la elección de las habilidades que podemos enseñarles a nuestros hijos.

Yo siempre he dicho que la personalidad es como un carro. Al nacer, a cada uno le dan un carro particular, con sus fuerzas y debilidades, y nuestro trabajo es enseñarles a nuestros hijos a conducir sus fuerzas y a controlar sus debilidades. Nadie es perfecto, todos tenemos cosas que nos hacen tropezar un poco.

Una vez dicho eso, también es importante que comprendamos que, como siempre, nada es absoluto. Tu hija no tiene que caber sólo en un rubro porque, como la mayoría de los niños, probablemente tenga características de varios rubros. Esto es sólo una guía, sólo una sugerencia de dirección. Nunca cometan el error de pensar que cualquier mapa les dirá dónde poner los pies. No puede ser así. Si quieres saber cuál es el mejor lugar para poner los pies, tienes que asegurarte de que sabes a dónde vas.

Por lo tanto, lo que sigue es una descripción de los cinco estilos distintos que los investigadores del estudio de Dunedin encontraron, y mis consejos sobre las cosas que podrías enseñarle a tu hija para ayudarla a conducir su personalidad lo mejor posible.

Sub-controladas

Estas niñas tienden a ser irritables, impulsivas, enojonas en general y poco persistentes en lo que se refiere a completar proyectos. Frecuentemente no les gusta probar cosas nuevas y si las prueban usualmente hacen un intento bastante forzado y desmotivado, y después las abandonan con un poco de mal humor. Como probablemente puedes imaginar, este no es el acercamiento más positivo a la vida, y si no se le pone un alto, a largo plazo consiguen un alto nivel de mal humor y un bajo nivel de satisfacción. Teniendo esto en cuenta, les doy mis sugerencias sobre qué hacer para ayudar a las niñas que se comportan de esta manera:

- Primero que nada, tienes que enseñarle cómo demonios tranquilizarse y a que no se enfurezca por cualquier cosa. Tiene que aprender que el mundo no es para nada perfecto y que las cosas malas pasan, así que no se gana nada poniéndose como loca. A veces la vida es realmente molesta: si puede aprender a aceptar esto, todo será más fácil de controlar

- Hacer amigos es un gran problema para este tipo de niñas, así que va a necesitar mucho entrenamiento en cómo hacer amigos. Especialmente va a necesitar ayuda para comprender por qué su comportamiento tiene un impacto en los demás, porque tiene que entender que si es enojona y malhumorada, va a ser difícil que haga y conserve a sus amigos

- Si tiene una tendencia a ver siempre las cosas desde una perspectiva muy negativa, va a necesitar ayuda para ser más flexible en las interpretaciones que haga de las reacciones de los demás hacia ella. Va a tener que encontrar los medios para entender las respuestas de sus compañeros hacia ella. La forma más simple de hacerlo es preguntándole: «bueno, eso puede significar que a Suzy no le caes bien, pero ¿qué otras razones puede haber para que no te escogiera en su equipo?»

- Es importante que estos niños controlen su impulsividad. Puedes conseguirlo si le das un premio por su autocontrol en una situación que hayas planeado. Por ejemplo, si ahorra su dinero por dos semanas le prestarás el dinero que le falta para comprar el mejor juguete

- En conclusión, estos niños tienen que relajarse, no tomarse todo personal, desarrollar una forma más flexible de ver la vida y aprender que las cosas no siempre salen como ellos quieren y que así está bien. De hecho, es bueno que así sea, porque entonces tienen la oportunidad de aprender más y de extenderse en el gran mundo

Inhibidas

Estas niñas tienden a ser tímidas, miedosas y socialmente cohibidas. Prefieren seguir más que guiar y retirarse en silencio hacia el fondo del patio; observar más que participar. Vale la pena recordar que casi todos los niños son inhibidos en varios puntos de su vida y que es normal y bastante adaptativo. A veces es mejor que te mantengas en silencio y observes hasta que hayas descubierto qué está pasando. Dicho lo anterior, para algunos niños entrar en la luz viva y brillante del mundo es más difícil que para otros. Si tienes una de estas niñas, aquí hay algunas sugerencias para que le ayudes en su camino:

- Permítele que practique mucho cómo ser fuerte y brillante en la seguridad y comodidad de su propia casa. Haz que su mundo sea famoso en su propio cuarto y después construye puentes entre su recámara y el resto de su vida
- Si se interesa por cosas como la música, aliéntala al máximo. Déjala cantar o tocar un piano, un violín o una batería. Un instrumento le da un papel que puede jugar y eso puede darle una presencia en el mundo que difícilmente encontraría ella sola
- Anímala para que haga cosas temerarias y peligrosas. Necesita que la alientes, la convenzas y la sobornes para que se suba a la cuerda floja tanto como pueda soportarlo
- Ayúdala a ver que tiene que defender lo que quiere. Si no lo hace, lo único que va a obtener son las sobras de los demás. Necesita tu ánimo y apoyo para usar la fuerte voz que lleva dentro
- Ve películas como *Gandhi* con ella para que vea que no siempre son las personas más ruidosas las que hacen las mayores diferencias en el mundo. Algunas veces las personas con las voces más bajas son las que todos escuchamos
- En conclusión, vas a tener que ayudarla a encontrar su camino, a plantarse con firmeza en el piso y a defenderse cuando las cosas

sean importantes para ella. Tiene que encontrar su voz y a aprender a usarla. Tu papel en ello es fundamental

Seguras

Estas niñas son su propio éxito. Son entusiastas, extrovertidas, francas y creen completamente en su desenvoltura. Son las niñas que dicen el tipo de cosas que los otros niños ni siquiera soñarían decir. Lo que les sobra son agallas. Esto es, sobre todo, bueno, por supuesto, pero tener demasiado de cualquier cosa casi nunca es algo bueno, y esto aplica para las agallas como para cualquier otra cosa. Así que estas son mis sugerencias para ayudarles a estas niñas a llevar un camino ligeramente más suave.

- La humildad no es natural para ella, así que tienes que trabajar mucho para enseñarle su valor. Es magnífico que crea que es tan maravillosa, pero a los demás les parecerá molesto después de un rato. Lo que es encantador en las niñas pequeñas rápidamente se hace aburrido en las mujeres jóvenes
- Además de la humildad, puede servir que le ayudes a practicar un poco el control de sus impulsos. La seguridad es fantástica, pero el exceso de seguridad por lo general lleva al desastre y al desengaño. Detenerse y pensar las cosas tranquilamente es algo que debe aprender
- También le ayudaría aprender que, mientras que ella puede obtener mucha atención y adulación por ser descarada y desvergonzada, también es importante ser convencional de vez en cuando. Las personas que siempre son desvergonzadas pueden ser hartantes para las demás, así que ayúdale a tranquilizarse y le harás un gran favor

Reservadas

No es sorprendente que las niñas que están en este grupo sean...
digamos... reservadas. No están completamente paralizadas por
las dudas, pero tienden a vacilar. El acercamiento a las cosas nuevas
generalmente las pone ansiosas, y retroceden. Una vez más, todos
tendemos a ser un poco así en diferentes contextos, por lo que no
tiene nada malo de origen. Los problemas comienzan si este es el
acercamiento de tu hija a la mayoría de las situaciones.

- Tiene que aprender que no hay nada de malo en cometer errores; cometer errores es una de las cosas más importantes que hay que hacer en la vida. Si no cometes errores, no aprendes nada
- Ayúdale activamente a cambiar sus asociaciones con el fracaso y con no saber qué hacer. Puedes hacerlo si la elogias cuando comete un error. Utiliza los errores como momentos en los que realmente puede establecer lazos con las cosas buenas que aprendió acerca de sí misma y del problema
- Haz una ronda durante la cena en la que cada quien describa «el mejor error que tuve hoy»
- Ayúdale a comprender que en realidad hay pocos errores que pueden ocasionar el fin del mundo. La mayoría de las veces el cielo no se derrumba
- La conclusión es que ella tiene que aprender a no tomarse la vida demasiado en serio, incluso las partes más serias casi nunca se tienen que tomar en serio

Bien adaptadas

Estas chicas son tan poco problemáticas como suena. Prueban la
mayoría de las cosas de manera apropiada para su edad y no se

molestan por cosas poco importantes. Entienden que las cosas malas pasan de vez en cuando, y que tienen que aceptarlo y seguir adelante. Tienden poco al drama y mucho al bienestar, son las niñas que todos queremos. No son perfectas pero son bastante capaces y equilibradas en sus acercamientos con el mundo. Estas son mis sugerencias si tienes una niña de este tipo:

- Agradece al cielo porque te bendijo con una niña tan sencilla. Enciende velas de esencias y sacrifica cabras a los dioses, lo que sea necesario para ganarte su continuo favor
- Date todo el crédito. Asegúrate de que la gente sepa que su carácter equilibrado se debe completamente a tu capacidad como padre
- Aconseja a todos sobre cómo pueden tener una hija tan perfecta como la tuya. La mayoría de las veces tus consejos serán inútiles, porque el buen carácter de tu hija probablemente tenga tanto que ver tanto con sus genes como con tu capacidad de ser padre
- Diviértete. Sólo ten montones y montones de diversión

El desarrollo de la personalidad a lo largo de la vida

La buena noticia es que nuestra personalidad continúa desarrollándose a lo largo de nuestra vida. Mientras que la estructura básica de lo que somos se mantiene relativamente intacta, parece que todos maduramos con la edad. La vida nos moldea y nos forma, y la sabiduría se filtra por nuestros huesos sin que tengamos que pensar en ello conscientemente. Inclusive, parece que el desarrollo de la personalidad es mucho más estable durante la infancia y la adolescencia de lo que la mayoría de nosotros hubiera pensado. Lo que debería ser, al menos, un poco consolador es que hay buenas evidencias de que los adolescentes se vuelven más agradables y emocionalmente estables mientras envejecen; y las noticias son mejores aún, porque parece que en este sentido las niñas maduran antes que los niños.

No es sino hasta la adultez temprana cuando ocurren los cambios más significativos. Parece que esos primeros años en los que uno deja la casa paterna son en los que por fin se tiene la libertad de ser quien realmente se es. Así que los primeros años después de dejar la casa son cuando tiene la libertad de desplegar las alas y de ser la que de verdad es de manera voluntaria y consciente.

Los rasgos de la personalidad siguen desarrollándose en los niños y las niñas y llegan a la cima cuando pasamos los cincuenta años. Parece que de verdad maduramos con la edad: una perspectiva agradable. De todos modos, el mensaje es que el cambio es inevitable; es un gran consuelo si estás preocupado por la actitud y el enfoque ante la vida de tu hija. Va a cambiar. Cuánto, de qué manera y cuánto tardará varía de una persona a otra, pero sí se producen cambios. Es inevitable.

Así que a veces todo lo que puedes hacer es atrincherarte y esperar.

DATOS RELEVANTES
DE DESARROLLO DE LA PERSONALIDAD, DIFERENCIAS DE GÉNERO Y ELEFANTES

✓ Parece que sí hay diferencias entre los rasgos de la personalidad de los hombres y de las mujeres

✓ Los hombres tienden a ser más temerarios y a tomar más riesgos

✓ Las mujeres tienden a ser más ansiosas que los hombres y más sensibles

✓ Sin embargo, esos son solamente rasgos generales, y siempre hay excepciones a la regla

✓ Inclusive, las diferencias sexuales de la personalidad se hacen menos marcadas cuando se va de naciones más desarrolladas a naciones menos desarrolladas

✓ Esto puede relacionarse con los elefantes

✓ Tu trabajo es enseñar a tu hija a conducir su personalidad

10

Las niñas son mejores en la escuela

S I ERES EL PADRE DE UNA NIÑA, entonces aquí hay montones de buenas noticias para ti. El panorama de las niñas es que les está yendo realmente bien en la escuela y hay cualquier cantidad de indicios que lo demuestran. A las niñas les está yendo tan bien, en comparación con los niños, que mucha gente está empezando a preocuparse porque los niños estén en algún tipo de crisis. Mi análisis —escribí al respecto en *Madres que crían hijos* (*Mothers Raising Sons*)— es que no se trata tanto de que a los niños les esté yendo mal, sino de que las niñas están mejorando mucho más rápido. Lo cual es una buena noticia para los padres de niñas.

¿Escuelas de un solo sexo o mixtas?

Lo primero que tienes que saber de este debate en particular es que es el punto de partida de todo el sinsentido seudocientífico. Aquí es donde lo de los cerebros de niño/niña empieza a ladrar como un pequeño perro ladrador que está detrás de una reja frente al gran perro que está del otro lado. Aquí es donde escucharán todo el balbuceo de que el oído de las niñas es más sensible que el de los niños, de que sus ojos están conectados completamente diferente y de que sus cerebros se desarrollan mucho más rápido. Aceptémoslo, la seudociencia sexual se desarrolló expresamente

para apoyar la causa de las escuelas de un solo sexo, y particularmente para apoyar la causa de las escuelas para niños, a partir de
la retórica de la «crisis de los niños» de la que hablamos antes.

Por supuesto, a estas alturas espero que hayas leído lo suficiente como
para ser un poco escéptico al respecto. Con un poco de suerte ya eres
muy escéptico.

Así que, ¿qué dice la investigación acerca de las escuelas de un solo
sexo? ¿Es mejor para las niñas o no? Probablemente no te sorprenda
que si navegas por Internet encontrarás todo tipo de páginas que
citan todo tipo de estudios que concluyeron sin la menor sombra
de duda que las escuelas de un solo sexo son por mucho lo mejor
para las niñas y los niños. Sin embargo, como ya vimos con el asunto
de la seudociencia sexual, siempre es redituable investigar un poco
para ver lo que hay debajo del borlote inicial.

Cuando me dispuse a nadar en el océano de los artículos publica-
dos acerca del tema, me lo tomé muy a pecho. Estaba escribiendo el
capítulo sobre educación de *Madres que crían hijos* (*Mothers Raising
Sons*)— y, como tengo dos hijos, estaba interesado en lo que la ciencia pudiera decirme acerca de si era mejor para los niños ir a una
escuela de un solo sexo o a una mixta. Quería saber qué era mejor
para mis niños así como tú quieres saber qué es mejor para tu hija.

Resultó que la respuesta es prácticamente la misma para mí y
para ti —en mi opinión, claro, pero sólo después de haber consul-
tado gran parte de las investigaciones reales—. Ahora, soy consciente
de que va a haber gente que no esté de acuerdo con mi análisis de lo
que las investigaciones significan para la crianza cotidiana, así que voy
a exponer todo aquí para que puedas ver cómo llegué a mi punto.

- Hay cierto número de estudios, probablemente el mayor número,
  que demuestra que las niñas obtienen mejores calificaciones en
  escuelas de un solo sexo

- También hay estudios que han mostrado que hay una diferencia mínima en los logros, y estudios que han mostrado que no hay ventajas o diferencias reales en los logros
- El problema es que siempre hay un rango de otros factores en juego, lo que significa que estos resultados deben ser revisados con atención, incluyendo el hecho de que muchas de las escuelas de un solo sexo que se contemplan en el estudio son privadas, mientras que muchas de las escuelas mixtas son públicas
- Cuando tomas en cuenta todas estas diferencias, muchas de las ventajas observadas desaparecen
- Un tema que emerge constantemente en los resultados de investigación a lo largo del tiempo es que las niñas se involucran más con materias no tradicionales, como las matemáticas y la ciencia, en ambientes de un solo sexo

El mensaje fundamental acerca de las escuelas de un solo sexo contra las escuelas mixtas para las niñas, es que el panorama es ligeramente turbio. Mientras que ha habido estudios que muestran que las niñas han logrado más en escuelas de un solo sexo, hay un montón de variables confusas —como clase social, circunstancias de los padres y comparaciones entre escuelas privadas y públicas— que dificultan hacer declaraciones definitivas de cuáles son mejores.

Así que, ¿qué podemos sacar de todo esto?

Desde mi punto de vista —y, por supuesto, esta es mi experiencia luego de trabajar con muchas escuelas y muchos educadores de todas partes del mundo—, la *calidad* de la escuela es mucho más importante que si es de un solo sexo o mixta. Un buen director puede hacer una enorme diferencia en la calidad de la educación que tu hija obtenga, mucho más que la presencia o ausencia de niños. Seguramente, parece haber evidencia de algunas ventajas para las niñas en ambientes de un solo sexo, pero desde mi punto de vista no son lo suficientemente significativas como para hacer la declaración de que a *todas* las niñas les va mejor en *todas* las escuelas de un solo sexo. Yo escogería, cualquier día, una buena escuela mixta con un buen equipo administrativo antes que una escuela promedio de un solo sexo.

Los años de preescolar

Algunos padres se ponen nerviosos en estos primeros años e intentan meter a sus hijos en cualquier actividad intelectualmente estimulante que encuentren, pero yo opino que la molestia probablemente no valga la pena. Es verdad que los primeros años son muy importantes para el desarrollo cerebral —todos hemos oído esto una y otra vez—. Sobre todo porque es verdad. Los primeros años son importantes, pero tu hija no necesita un programa riguroso de estimulación intelectual para pasarlos. Todo lo que necesita es un cálido y constante cuidado.

Eso es.

Suponiendo que el cuidado cálido y constante es parte del telón de fondo cotidiano en su vida —y si eres el tipo de papá que lee libros para padres, considero que es una suposición bastante segura—, lo que ella realmente necesita es divertirse. Esta es una etapa fantástica en la vida de los niños y tú tienes que tratar de disfrutarla lo más que puedas. Es también una etapa en la que disfrutan su vida tanto como pueden.

No elijas una escuela preescolar basándote en cuál le enseñe más cosas como leer, escribir y matemáticas. Ella no necesita saltar desde el principio en la escuela. Lo único que tiene que saltar es la cuerda. Escoge una escuela preescolar basándote en que las maestras sean agradables, que las instalaciones sean buenas y que el énfasis se haga en divertirse.

El primer día de escuela

Por lo general este día es mucho más difícil para las mamás que para los papás, pero incluso para nosotros es un asunto. Es un día feliz, pero siempre está teñido por la certeza ligeramente triste de que es cuando empieza a dirigirse a su propia vida. Sin embargo, por el lado positivo, se va a ir de 9:00 a.m. a 3:00 p.m., lo que le da un poco más de paz y tranquilidad al día.

En años recientes, el primer día de escuela se ha convertido en una actividad seria que requiere de meses de planeación y una ejecución cuidadosamente cronometrada. Mi humilde opinión es que todo se ha pasado un poco de la raya. A veces, al ver el relajo que precede al primer día, uno pensaría que los niños se van a una maniobra militar de seis meses en Irak. Creo que en general los niños son bastante fuertes y la mayoría de los nervios que los niños sienten el primer día puede ser producto de la ansiedad de los padres.

Así que estas son mis sugerencias para empezar la escuela.

- Empieza pronto a hablar de lo genial que es la escuela, casi desde que tengan edad para captar el concepto. Hazlo parecer algo genial que llegará cuando sean más grandes
- Puede ayudar que los fines de semana vayan a la escuela local a jugar un rato, para que se familiaricen con el espacio y la ubicación
- También pueden ayudar algunas visitas a la escuela antes de que empiece. Una o dos es suficiente. No hay necesidad de ir cada semana durante meses
- Justo antes del primer día, salgan y déjale escoger su mochila y su lonchera. Los rituales son importantes y ayudan a construir la expectativa
- Cuando llegue el día, mantén el ritmo animado pero tranquilo. Tiene que ser un día emocionante, pero no ansioso
- Si te sientes ansioso: finge

- Ve a la escuela con bastante tiempo para que no tengas que correr
- Cuando llegues, ayúdala a acomodarse, quédate sólo lo suficiente para conocer a la maestra y asegurarte de que todo esté bien, después, vete. No te quedes ahí las horas porque lo que estás diciendo es que es demasiado para que ella lo sobrelleve sola
- Si empieza a llorar, llévala diplomáticamente con la maestra y vete. Casi todas las maestras de recién ingresados (de niños de primero) son muy buenas para reconfortar a los pequeños cuando están tristes. Mientras más tiempo te quedes, casi siempre será peor

Si tienes verdaderos problemas, invariablemente te vas a dar cuenta de que la maestra es un buen recurso para ayudarte a solucionarlos. Es muy normal que los niños pequeños se pongan tristes cuando te vayas, pero mientras tú permanezcas en calma y sigas tu camino, ella comprenderá eventualmente el mensaje de que la escuela no es un gran problema y que es más que capaz de sobrellevarla.

Los primeros años en la escuela (5-10 años)

Lo único que me parece muy importante para las niñas durante estos años es ayudarlas a que aprendan a amar el aprendizaje en sí. El mundo está cambiando tan rápidamente que ahora el aprendizaje continuo es una parte de nuestra vida, así que si sus primeras asociaciones con el acto de aprender son positivas, tienes tres cuartas partes del camino recorridas. Afortunadamente, como dijimos antes, a las niñas les está yendo particularmente bien en la escuela y están mejorando más rápido que los niños. Las niñas, en un nivel general, parecen adaptarse mejor al ambiente escolar de muchas maneras y no tienen problemas con algunas cosas con las que los niños sí (por ejemplo, sentarse quietas, no hablar en clase o poner atención).

Probablemente la peor cosa con la que tendrá que enfrentarse en la escuela sea la maldad social del mundo de las niñas, de lo que hablaremos en otro capítulo. Como padre, los mayores problemas que tendrás serán las cosas que no debes hacer. Para facilitártelo, enlisté los puntos clave de «qué no hacer».

- No seas un papá quejumbroso. Los maestros odian a los papás que van a quejarse todo el tiempo por cualquier cosita que pasa. No seas uno de ellos. Por supuesto que tienes que ir si estás en verdad preocupado —y los maestros sí quieren que lo hagas— sólo no vayas y te quejes, cuestiones y acoses al maestro por cualquier nimiedad
- No te pongas ansioso y exageres con el aprendizaje. Aprender debe ser divertido, no una lata, así que interésate; por supuesto, hazle preguntas y haz que te explique lo que ha aprendido, pero no la presiones hasta el punto de que se harte, o va a terminar pensando que aprender es horrible
- No le resuelvas hasta el más mínimo de sus problemas. Tiene que aprender a ser independiente y a resolver las cosas por sí misma, y la forma en la que le enseñas es si la dejas practicar desde que es pequeña
- No vayas a rescatarla si se mete en problemas. Es importante que los niños aprendan sobre actos y consecuencias, y la manera de hacerlo es que los dejes experimentar las consecuencias de sus actos
- No critiques la escuela o a la maestra en frente de ella. Nunca. Es obvio, lo sé, pero algunas veces la gente olvida la importancia de las cosas que saltan a la vista

Recuerda, a esta edad sólo se trata de construir su confianza y un sentido de dominio. La forma más fácil de hacerlo es mostrándole que tú crees que ella puede resolver sus problemas, dejándola resolver sus problemas, apoyándola cuando lo necesite y, sobre todo, haciendo divertido el asunto de la escuela.

Los años de adolescencia (11-19 años)

No es sorprendente que aquí sea donde las cosas se ponen un poco complejas. Es más o menos donde comienzan las batallas por el control, y si es así, la escuela parece ser uno de los frentes. La gran ventaja que tienes con una hija es que probablemente te hable de lo que piensa mucho más de lo que lo harían los muchachos de su edad. No siempre estarás de acuerdo con lo que piensa, pero sabrás lo que piensa, lo que sólo puede ser algo bueno.

- Aquí es cuando realmente tienes que acostumbrarte al hecho de que, de ahora en adelante, ella va a empezar a tomar más y más decisiones por sí misma
- Como todos los padres de adolescentes, vas a tener que trabajar el delicado balance entre alentarla a estudiar y darle espacio suficiente para que haga las cosas a su modo. Esto no va a ser siempre a tu manera, pero ella tiene que encontrar su propio espacio en el mundo, y la escuela es una gran parte de su mundo.
- Trata de hacerle espacios para estudiar tan agradables como sea posible. Asegúrate de que tenga un buen escritorio y luz, y de que el espacio sea lo suficientemente acogedor
- La buena noticia es que las niñas tienden a ser más estudiosas que los niños, y también tienden a no dejar cosas para el último minuto tanto como los niños
- Si no termina sus proyectos a tiempo, no vayas a la escuela para tratar que le den más tiempo. Lo último que necesita es que su papá se meta a defenderla. Su defensa debe ser propia

En la infeliz circunstancia de que no se interese en los estudios y quiera dejarlos, por lo general no hay mucho que puedas hacer. Si no quiere ir, no quiere ir, y usualmente mientras más presiones más querrá dejarlos. Si los «abandona», todo lo que puedes hacer es asegurarte de que sepa que no puede flojear: tiene que conseguir un trabajo y tiene que pagar pensión.

También es importante pensar en el hecho de que dejar los estudios a los dieciséis no significa dejarlos para siempre. Hay casi tantas maneras de volver al sistema educativo como de salirse de él. Tal vez ahora quiera dejarlos y arreglar los estantes del supermercado, pero hay posibilidades de que entre seis meses y un año más tarde lo encuentre un poco aburrido. Muchas chicas, y chicos también, para el caso, siguen un camino sinuoso hacia la felicidad profesional.

La parte fácil (de los 20 en adelante)

Aquí es donde se hace más fácil para la mayoría de nosotros. Usualmente, es cuando todo se calma, porque ahora están haciendo su propia vida. En esta etapa, tu papel se convierte en el de un consultor ocasional. Si tienes suerte, y si has jugado bien tus cartas durante los años anteriores, aún vendrá a pedirte consejos. Así que tu trabajo en este punto es ser simplemente un consejero. Dale tu opinión, pero asegúrate de que sepa que es sólo tu opinión y que ella tiene que decidir su propio curso.

DATOS RELEVANTES DE
LAS NIÑAS SON MEJORES EN LA ESCUELA

✓ A las niñas generalmente les va bien en la escuela

✓ Una serie de estudios muestran que las niñas tienden a trabajar mejor en escuelas de un solo sexo, pero también hay estudios que dicen lo contrario

✓ Elige la mejor escuela que puedas basándote en algunos factores (como que tengan un buen equipo administrativo, cultura educativa positiva, etcétera). Si es una escuela de un solo sexo, genial. Si es mixta también está bien

11

«Chicas malas».
El nuevo culto a la cabrona

E N ESTOS DÍAS, es difícil escaparse del fenómeno de las «chicas malas». Ahora las chicas malas son en serio una parte de la cultura popular. Hasta tienen su propia película. El término técnico de maldad en este contexto es «violencia - agresión relacional», pero en realidad es sólo la forma amable con la que los científicos y académicos designan la «cabronez». Si tienes chicas, es probable que cada vez escuches más y más de la «violencia relacional», así que vale la pena que nos detengamos sólo un momento para ver de dónde viene.

Cuándo se inventaron las «chicas malas»

La «agresión relacional» no se descubrió hasta los noventa, cuando un investigador sueco empezó a estudiar si las chicas eran tan agresivas como los niños. Este trabajo temprano fue retomado por más investigadores y, antes de que nos diéramos cuenta, una cosa totalmente nueva cobró existencia. Es importante que entiendas esto si tienes chicas, porque la psicología tiene una forma genial de inventar algo que después se pone de moda, y luego un montón de gente hace investigaciones, escribe libros y da conferencias al respecto.

Ahora, de ninguna manera estoy diciendo que las chicas no fueran malas hasta los noventa, porque lo eran. En mi opinión, las chicas siempre han sido malas. No todas las chicas, por supuesto, sólo algunas, y aún así no todo el tiempo, pero había maldad en la tierra mucho antes de que los científicos empezaran a documentarla. Desafortunadamente, la psicología tiene una tendencia perturbadora de tomar todo lo que es razonable y pertinente y extenderlo más allá de la razón. Es por eso que tenemos que ejercitar un poco de moderación cuando hablamos de las chicas malas. Probablemente no sea una nueva plaga; probablemente sea algo que ha estado ahí todo el tiempo. La gran pregunta para nosotros no está en las profundidades cenagosas de la cháchara filosófica-teórica-política, sino en la parte delicada de la crianza.

Por eso, no voy a perderme en el debate y las complicaciones que rodean este asunto; me limitaré a los problemas realmente pragmáticos. Puede ser que el término «chica mala» sea simplemente una manera de regular y patologizar la feminidad normal, como algunos sugieren, pero no voy a meterme en eso, porque es demasiado político para mí. En lugar de eso, voy a pasarle por encima y voy a enfocarme en los aspectos de maldad que tienen impacto en nosotros como padres: concretamente qué es eso y cómo podemos enfrentarlo.

¿Qué es «violencia relacional»?

Como dije antes, la «violencia relacional» es la cabronez. Simple y sencillo: es que las chicas sean malas. Puede tomar muchas formas:

- Poner apodos
- Crear grupos y alianzas para aislar a otras chicas
- Compartir información obtenida como confidencia
- Escribir mensajes desagradables
- Publicar mensajes desagradables en redes sociales
- Divulgar rumores desagradables
- Intimidar y acosar

- Fingir que es amiga de una chica y después burlarse de ella a sus espaldas
- Insultar en general, groserías de cabrona

La «violencia relacional» viene en muchas formas diferentes y variadas, pero el hilo subyacente es que la intención es ser mala. Incluso, el estatus parece jugar un gran papel tanto en la perpetración como en el impacto de la cabronez. Las chicas con un estatus alto tienden a ser más cabronas, y el impacto de su cabronez es más intenso que si una chica de estatus bajo dice o hace las mismas cosas. Todo se trata de ser popular, y si una chica que es más popular que tu hija es mala, tiene un efecto más desagradable que si lo es una chica que es menos popular.

Ahora, tengo que decir que hay un elemento de maldad presente de vez en cuando en la mayoría de los juegos infantiles. Como todo lo demás, la maldad es simplemente una parte de la vida, y es difícil pensar cómo podemos desaparecer la maldad del mundo de los niños. La infancia es donde los niños aprenden primero a ser malos y sobre los lados positivos y negativos de ser malo. De hecho, la sola presencia de «violencia relacional» en las interacciones sociales normales y cotidianas de los niños, tiende a sugerir que hay algún beneficio en ser malo. Si no hubiera compensación, seguramente desaparecería.

Así que si hay una compensación, ¿cuál puede ser?

Bueno, parece que un poco de maldad te ayuda a tener ventaja en la vida. Si eres socialmente dominante, pero eres capaz de controlarte y de no convertirte en un completo y absoluto súper cabrón, entonces es más probable que te escojan primero en el campo. Por supuesto, eso tiene que equilibrarse con el hecho de que las investigaciones también han demostrado que la cabronez en la infancia está relacionada con toda una cantidad de consecuencias negativas en la vida posterior, incluyendo la ansiedad, la depresión, el uso de alcohol y drogas, el miedo a ser criticado y la autoagresión. ¿Todo con moderación, tal vez? ¿Incluso la maldad?

¿Cómo ayudar a tu hija si es víctima de la cabronez?

Cuando se enteran de que alguien está molestando a su hija, para la mayoría de los papás la primera reacción es ir a patearle el trasero a alguien, hablando figuradamente, por supuesto. Obviamente ninguno de nosotros realmente iría a patearle el trasero a una niñita, pero con seguridad nos darían ganas de pateárselo.

Una vez más, no se puede, pero igualmente no puede evitarse que quieran hacerlo.

Así que ¿cuáles son tus opciones si tu hija es victimizada por la reina cabrona local?

Cuando los niños son pequeños, por lo general una conversación discreta con la maestra es suficiente. Casi todas las escuelas están bastante al tanto de las causas y consecuencias del *bullying*. Solía pasar que este tipo de cosas fueran ignoradas, pero en los últimos años ha cambiado. Es bastante común que las escuelas tengan programas de *anti-bullying* como parte de su currículum. Si eso no te satisface, o la maestra no se hace cargo de la situación, podrías subir en la cadena y hablar con el director. Si llegas a este nivel, mi consejo común del tipo de garantías en las que deberías pensar son las siguientes:

• ¿Cómo va a hacer la escuela para mantener a salvo a tu hija, ya sea del *bullying* actual o la molesten más si las otras chicas se enteran de que las acusó?
• ¿Cómo van a tratar a los *bullies*? ¿Qué métodos se tomarán como remedio con ellos?

- ¿Cómo monitorearán la situación para saber que los problemas se franquearon?
- ¿Cómo te comunicará la escuela las consecuencias de las investigaciones o intervenciones? Evidentemente, la escuela tiene reglas de confidencialidad, tomando en cuenta al alumno ofendido, pero al menos debes obtener retroalimentación general de las consecuencias

Si no puedes obtener buenas respuestas para tu pregunta, sigue haciendo ruido hasta que las obtengas. Pero ten en mente que hay una línea muy fina entre ser un papá involucrado y un papá quejumbroso. Las escuelas odian a los padres quejumbrosos, asegúrate de tener asuntos genuinos que tratar antes de ir a hacer ruido.

También, y esto es difícil, prepárate para enterarte de que tu hija también ha hecho cabronadas. No digo que siempre pase, pero igualmente tienes que estar abierto a esa posibilidad.

Ahora, una vez dicho esto, lo triste es que tu hija va a tener que aprender a vivir con algún grado de cabronez. Como dije antes, puede que no sea uno de los aspectos más brillantes de la naturaleza humana, pero sí parece que es relativamente «natural», si esa es la palabra correcta. Así que no vas a poder escudarla de esas cosas, lo que significa que vas a tener que enseñarle algunas habilidades de sobrevivencia.

- *Enséñale a hacerse fuerte:* Quien diga que los apodos nunca han lastimado a nadie, claramente nunca fue apodado en la escuela. Los apodos sí lastiman, y seguramente una campaña orquestada en la que todos te digan apodos puede hacerte sentir como si te hubieran arrancado la piel. Algunas veces la mejor forma de ayudar a tu hija es enseñarle a hacerse dura y ruda. A veces es lo mejor que puedes hacer porque, como dice el dicho, la vida puede ser una perra.

- *Haz que vaya a una clase de defensa personal:* No para que se agarre a golpes con cualquiera que le ponga un apodo, pero es útil que sepa cómo aplicar un candado de muñeca, o cómo derrumbar a alguien del doble de su tamaño. Todas las chicas (y los chicos) deben saber defensa personal básica, no sólo por los aspectos prácticos, sino también porque tienen que saber que pueden hacerse cargo de las cosas si se ponen ruidosas, eso les confiere una cierta seguridad. Los bullies perfilan a sus víctimas, si tu hija se siente segura de sí misma es menos probable que la molesten.

- *Haz de tu hogar un refugio de seguridad:* Haz todo lo posible para que tu hogar sea el lugar donde ella se libera de todo eso. En esto tienes que ser cuidadoso, porque los celulares y la red significan que las cabroneces pueden entrar a tu casa si tú lo permites. La mayoría de las compañías telefónicas tiene números a los que puedes llamar para reportar acoso, y te permiten bloquear ciertos números. La mayoría de las redes sociales en línea también te permiten bloquear a la gente para que no envíe o reciba mensajes. Familiarízate con la tecnología y úsala.

- *Habla con ella:* Más que nada tienes que seguir hablando con ella para mantenerte al tanto de lo que le pasa. En el mundo de las chicas las lealtades y las alianzas cambian rápidamente, así que a veces puede parecer un poco confuso. Sigue hablando con ella, es todo lo que puedes hacer.

Algunas veces lo mejor que puedes hacer es huir

Hannah sólo tenía once años, pero ya estaba empezando a aprender que la vida a veces apesta. Se la pasaba mal en la escuela por las razones comunes: no sólo era la chica nueva, sino que también era de una familia no tan pudiente como las de las demás chicas de su salón. Eran buenas personas, pero no iban a Francia en las vacaciones, lo que hizo que Hannah mereciera ser despreciada a los ojos de la mayoría de sus compañeras. Las otras chicas la habían aislado, le ponían apodos y la humillaban cada vez que podían.

Yo no vi a Hannah porque decía que no quería que nadie, incluyendo loqueros, se enterara de lo que le pasaba en la escuela, así que sus padres, Murray y Margaret, vinieron a verme sin decirle.

«Simplemente no queríamos presionarla más», dijo su papá.

Me parece justo.

Decidieron venir cuando su mamá encontró un pedazo de papel que decía «Quisiera estar muerta». Eso alarmaría hasta al alma más calmada; y, una vez más, con toda razón.

Hasta la fecha, la escuela no había sido de mucha ayuda. A pesar de que era una escuela privada que cobraba bastante de colegiatura, había demostrado ser un poco... bueno... torpe en cuanto a poner cartas en el asunto.

—Siguen haciendo reuniones con las chicas, pero nada ha cambiado —dijo Margaret—. Supongo que es realmente difícil conseguir que sean honestas y que dejen de hacer lo que hacen. Pero aún así...

—¿Qué te gustaría que hicieran? —pregunté.

—A mí me gustaría que les patearan el trasero a las pequeñas cabronas —dijo Murray, y no detecté ni una pizca de humor en su respuesta. Otra vez, tuve que decir «me parece justo».

—Me parece justo —dije—, pero ya que no se puede, ¿qué más te gustaría que pasara?

Sacudió la cabeza.

—Para ser honesto, no estoy seguro de lo que puedan hacer. Sólo parece que todas las chicas la agarraron contra ella.

Después de discutir detalladamente las muchas juntas y las conversaciones que habían tenido en la escuela, estaba de acuerdo con ellos.

—Ok, entonces, ¿cuál es el plan B? —les pregunté a ambos.

—Simplemente ya no sabemos —dijo Margaret—. Parece que no hay nada que podamos hacer. —Ante lo cual el papá cruzó los brazos con apariencia frustrada.

—¿Qué? —le pregunté. Lanzó una mirada a su esposa—. ¿Qué? —repetí.

—Yo creo que debería dejar la escuela e ir a la escuela pública local.

—¿Y tú no estás de acuerdo? —le pregunté a Margaret.

—Es que trabajamos mucho para que entrara en ***, y tiene un programa académico excelente.

Me encogí de hombros.

—*** es una buena escuela, si piensas en las cuestiones académicas, supongo. El único problema es: ¿a qué costo?

Murray evidentemente pensaba diferente.

—Yo creo que *** es una pinche escuela mala —dijo—. Puede que obtengan buenos resultados en los exámenes, pero ¿qué coño de lección están aprendiendo de cómo tratar a la gente?

Yo simplemente me quedé ahí sentado. Tengo mi propia opinión sobre estas cosas, pero tengo la política de que es mejor esperar a que te pregunten a simplemente imponer mis puntos de vista al azar.

—¿Tú qué piensas? —preguntó Margaret.

Mi entrada.

—Bueno, lo primero que tienen que entender es que esto es simplemente lo que yo opino y no me apoyo en nada científico. Es sólo mi opinión. La otra cosa es que no hay una respuesta correcta, porque nadie de nosotros puede ver el futuro y, por lo tanto, nadie sabe cuál es la mejor solución. Sólo importa lo que hagan y lo que pase después de que lo hagan.

Ambos asintieron.

—Ok —dijo Murray—. Entonces, ¿qué piensas?

—Yo creo que a veces es mejor ir por un helado.

Él frunció el ceño.

—¿Qué?

Hace un par de años, estaba con mis hijos en el laberinto gigante de un lugar llamado Puzzleword. El laberinto nos pareció una buena idea al principio, pero después de cuarenta minutos todos teníamos calor y estábamos cansados. Me daba cuenta de que estaban perdiendo el interés en encontrar la salida, y yo igual. Justo entonces pasamos por una puerta de escape. Era una puerta para derrotados. Sabía que mi esposa no quería ser una derrotada; quería seguir y resolver el acertijo, y lo dijo. Yo dije que debíamos dejar que los niños decidieran. Así que les pregunté si querían seguir durante otros cuarenta minutos en el frustrante y acalorado laberinto para llegar al final y que pudieran decir que consiguieron algo, o si preferían renunciar, salir por la puerta de los derrotados y comprar un rico, fresco y sabroso helado de los derrotados.

Murray sonrió.

—¿Qué decidieron?

—Decidieron que el helado de los derrotados parecía una idea mucho más inteligente que el acalorado gusto de los persistentes al resolver el laberinto insulso.

—¿Así que piensas que debemos cambiar de escuela?

—Creo que a veces tienes que preguntarte a ti mismo si el sudor y el esfuerzo de terminar algo son mejores que la escapada veloz y el helado.

—Pero ¿no estaríamos enseñándole a huir de sus problemas? —preguntó Margaret.

—Sí —dije.

—¿Eso no es darle un mensaje equivocado?

Me encogí de hombros.

—A veces huir es lo más inteligente que puedes hacer. No puedo decirles si ahora mismo es lo mejor para Hannah, pero puedo decirles que mis hijos realmente disfrutaron el helado y que no han decidido abandonar todo cuando las cosas se ponen rudas. Parece que resuelven los problemas con una base de uno por uno.

Al final, el papá y la mamá de Hannah hablaron un poco más, después le preguntaron a Hannah qué quería hacer y la cambiaron de escuela. Fue a escuela pública y lo último que oí fue que estaba mucho más contenta. Yo creo que los niños felices siempre aprenden más que los niños infelices, sin importar la situación.

Seguro que no quieres enseñarles a huir todo el tiempo, pero creo que algunas veces huir requiere un gran valor.

¿Qué puedes hacer si tu hija es la Reina cabrona?

No es una idea muy agradable, ¿o sí? Aún así, es algo que tienes que pensar, porque hay posibilidades de que, en algún momento, sumerja los dedos de los pies en la enorme, verde y transparente alberca de cabronas de dientes brillantes. No es bonito, pero es algo que tienes que pensar.

Principalmente, se trata de mantenerse cerca de ella y de lo que pasa en su vida. *Mientras más sabes, más sabes*, dice el dicho. En realidad, no es un dicho, en el sentido de que no es un dicho popular, porque lo acabo de inventar. De todos modos, sería un buen dicho, porque es verdad. Si te tomas el tiempo para estar al tanto del flujo y reflujo de su vida, es más probable que encuentres datos que puedan ser preocupantes. Escucha cómo habla de sus amigos y lo que traman. Usa cada oportunidad que tengas para enseñarle los valores que te gustaría que practicara en el mundo.

Si te llaman de la escuela y te enfrentas a acusaciones por su comportamiento, no te pongas defensivo y niegues todo automáticamente. Escúchalo y piensa al respecto antes de que saltes con negaciones feroces. Más que nada, es importante que le asegures a la escuela que te tomas las cosas con seriedad y que vas a trabajar con ellos para resolver el problema. En situaciones como esta, la escuela será tu mejor recurso para decidir qué hacer después, así que trabaja con ellos, no en su contra.

¿Y qué deberías hacer con ella? Bueno, si ella es la *bully*, tiene que disculparse y tiene que recibir algún tipo de castigo. Después, cuando el polvo se haya asentado, tienes que concentrarte un tiempo en enseñarle por qué está mal ser mala y cómo debería ser. Sé que es cegadoramente obvio, pero te sorprendería cuántas veces los padres pasan por encima de las cosas cegadoramente obvias, o sólo lo aplazan para un día que nunca llega.

DATOS RELEVANTES DE
CHICAS MALAS

✓ Las chicas pueden ser muy buenas para ser malas, lo que incluye cualquier cosa desde poner apodos hasta hacer chismes maliciosos, a *bullying* textual y agresiones físicas

✓ Si tu hija tiene problemas, ve a la escuela y habla con alguien para que puedan formar un plan para ayudarla

✓ Ayúdale a lidiar con lo desagradable hablando con ella, llévala a clases de defensa personal, ayúdala a «hacerse fuerte» y haz un santuario de tu hogar tanto como puedas

✓ Si tu hija es la *bully*, tómalo con seriedad, ve a la escuela y haz que se responsabilice. Trabaja con la escuela, no contra ella

12

Porquerías de la cultura pop

E L SEXO VENDE. No hay modo de cambiar eso, simplemente es así. Si no fuera así, no veríamos chicas medio desnudas en anuncios de cualquier cosa desde sistemas para carros hasta cereal para el desayuno. Si los viejos gordos vendieran, entonces veríamos viejos gordos por todas partes. La mayoría de la gente pondría el grito en el cielo si viera un comercial de cereal con un viejo gordo en pantalones de ejercicio que se come un plato de granola junto a la alberca, pero no lo pensamos dos veces cuando vemos una rubia despampanante en bikini masticando bran flakes.

Y no sólo es eso; la cultura popular tiene una manera de hacer que muchas veces las chicas parezcan un poco débiles. Hace sólo una semana, tarde en la noche, estaba viendo *La profecía* en la televisión. Si no sabes qué es *La profecía*, deberías sentirte un poco avergonzado, porque es una de las películas de terror clásico de los tiempos modernos. Pero por si acaso, te haré un resumen. El hijo del diablo, Damien, es adoptado por un diplomático estadounidense y su esposa después de que su propio hijo es asesinado por espeluznantes monjas adoradoras del diablo en un hospital italiano; después, tras una serie de muertes horripilantes, el pequeño Damien es adoptado por otros estadounidenses aún más importantes, después de que el primer grupo muere horriblemente.

Si no la has visto, deberías.

Así que estaba viendo la escena de la fiesta de cumpleaños, en la que la nana del pequeño Damien sube al techo y salta con una cuerda alrededor del cuello, claramente a instancias del lobo aterrador que de algún modo consiguió colarse en la fiesta de cumpleaños del niñito y se sentó por ahí, amenazante, sin que nadie se diera cuenta. Así que ella salta y cae, y se detiene de golpe a la vista de los niñitos y sus padres. Hay un momento de silencio de asombro y, después, a la moda de Hollywood, una mujer se lleva la mano a la boca y empieza a gritar y a gritar y a gritar.

¡Wow!

Si yo fuera una chica, ese constante griterío de las mujeres en las películas, a la primera vista de suicidio provocado por el control mental demoniaco, me encabronaría. En las películas y en la televisión las mujeres gritan todo el tiempo, por cualquier cosa. Es un completo y absoluto sinsentido, porque en la vida real las mujeres realmente no hacen eso, y aún así fueron tema de infinitas imágenes de mujeres gritando, llenas de pánico, cayéndose y torciéndose un tobillo y todo tipo de sinsentidos femeninos ridículos.

Hay algunos buenos papeles modelo en la cultura popular —como Ripley de las series de *Alien*; Dana Scully de *Los expedientes secretos x*; Whoopi Goldberg en casi todos los papeles que ha interpretado; Lisa de *Los Simpson* y algunos otros, pero también hay mucha mierda. La mayoría de nuestras chicas están creciendo viendo los *reality shows* de MTV donde desesperantes cabezas mareadas llenas de aire se perrean, pelean y lloriquean por cosas tan importantes como quién dijo qué a quién acerca de quién tiene un gran trasero.

Hay niñas chiquitas que de verdad piensan que Paris Hilton es genial.

Una gran parte del mensaje es que tienes que ser bonita para ser importante, y que tienes que esperar que los chicos salven el día. Más que nada: ante la duda, sólo grita y grita y grita.

Ay (suspiro).

El problema para los papás que crían hijas es cómo inmunizar a tus chicas contra esos mensajes mierdosos, que andan flotando por ahí, acerca de las mujeres. Si tienes televisión, o acceso a Internet, o si no tienes ninguna de las dos cosas pero de vez en cuando sales de tu casa, entonces te vas a encontrar con estos mensajes todo el tiempo: y ella también.

Así que, ¿qué puedes hacer al respecto?

Te defiendes, y empiezas pronto.

Enséñale que el mundo es un lugar malvado lleno de gente que no quiere más que la total y global erradicación de todo lo que es bueno en la raza humana

Es importante entender que aquí no estoy hablando de zombis; estoy hablando de la gente que trabaja en las compañías de mercadotecnia. Puede parecer un poco duro, pero esta gente no sólo hace los anuncios, usualmente también tiene mucho que ver en la elección de los programas de televisión que pasan, de las películas que se hacen y cómo se montan los videos de música. Puede que no estén en el estudio de grabación, pero uno ni siquiera obtendría un estudio de grabación si los de mercadotecnia no pensaran que puede ayudarles a vender cosas. En la mayoría de las cadenas importantes de televisión, los programas se ven como las cosas que hay entre los cortes comerciales. Así que opino que sería justo decir que cuando la civilización se vaya abajo, todo va a ser culpa de la gente de mercadotecnia.

A menos de que sea de los zombis, entonces ellos quedarían libres de culpa.

A modo de ejemplo, mi hijo juega en un equipo de futbol soccer para niños, y cada día alguien se lleva un certificado de Jugador del día, auspiciado por McDonald's. Está bien, pero el certificado incluye un vale para una hamburguesa con queso. Así que después del juego llevamos el vale a McDonald's y nos dan la hamburguesa gratis, y los demás también comemos algo... lo que termina en un total de alrededor de veinticinco dólares. Cuando voy a pagar, la adolescente de la ventanilla de autos me dice que me puedo quedar el vale por la hamburguesa gratis, lo que yo tomo como una victoria para mí y para la adolescente. Ella gana porque me deja conservar el vale a escondidas y le inserta un pequeño golpe a la enorme cadena multinacional que la tiene a su servicio; y yo gano porque puedo obtener otra hamburguesa gratis. Claro, treinta segundos después de que salgo me doy cuenta de lo que acaba de pasar. La verdad es que McDonald's ganó, porque me engañaron para que fuera y gastara veinticinco dólares que nunca hubiera gastado si no hubiera tenido el vale por la hamburguesa de dos dólares; y, lo que es más, me dejaron quedármelo para que vuelva después a gastar otros veinticinco dólares.

¿Y qué hice yo?

Bueno, le expliqué a mi hijo cómo la perspicaz gente de marketing de McDonald's acababa de estafar a su papá para que gastara un montón de dinero y de todos modos hacerme sentir que había ganado, cuando en realidad me habían engañado. Ahora lo que hacemos es que nos quedamos los certificados y tiramos los vales después de la siguiente conversación:

YO: ¿Por qué te dieron este vale, hijo?

ÉL: Para engatusarnos a que vayamos y gastemos dinero.

YO: ¿Vamos a hacer eso?

ÉL: No.

YO: ¿Y por qué no?

ÉL: Porque no somos estúpidos.

YO: Eso es, hijo: porque no somos estúpidos.

Esto es lo que tienes que hacer con tu hija cada vez que puedas. Por ejemplo, imagínate que estabas viendo una película con tu hija de diez años y la protagonista se mete en problemas y es rescatada por el protagonista macho.

TÚ: ¿Por qué crees que siempre ponen chicas que necesitan que los hombres las rescaten?

ELLA: No sé.

TÚ: Bueno, ¿quién crees que controlaba las películas? ¿Los chicos o las chicas?

ELLA: ¿Los chicos?

TÚ: Así es, ¿y por qué crees que querrían que pareciera que las chicas no podían arreglárselas?

ELLA: ¿Para que los chicos dijeran que las chicas no podían hacer todo lo que ellos hacen?

TÚ: Sí. ¿Y eso facilitaba o dificultaba que las chicas tuvieran los mismos trabajos que los chicos?

ELLA: ¿Lo dificultaba?

TÚ: Así es. ¿Y tú crees que es verdad que los chicos son más fuertes que las chicas?

ELLA: No.

TÚ: Si estuvieras en una casa que se está incendiando, ¿te quedarías sentada gritando para que un chico fuera a rescatarte o te saldrías tú misma?

ELLA: Me saldría sola.

TÚ: Chica lista.

Ahora, para ti esto puede sonar como Feminismo 101, porque lo es. La mayoría de los tipos no se detiene a considerar lo que las feministas dicen hasta que tienen una hija. Es entonces cuando te das cuenta plenamente de cómo las porquerías de la cultura pop —porquerías en todas sus formas y apariencias— conspiran para mantener a las chicas rebajadas en todos los sentidos. Seguro, ahora hay todo tipo de movimientos nuevos, como el «poder de las chicas» y el posfeminismo, y todo tipo de cosas, pero los puntos básicos siguen siendo los mismos: tienes que enseñarle a tu hija a abrirse camino entre los múltiples y variados mensajes que les llegan a las chicas de todos y de ningún lado, y que tratarán de retenerla, o atarla, o de decirle cómo debe sentir, pensar o actuar.

Tiene que aprender a mantener los pies en la tierra y a que no la engañen los vales para hamburguesas gratis. No existen las hamburguesas gratis.

Cuando tienes una hija, el feminismo deja de parecer una buena idea a la distancia —casi como combatir el cambio climático o el reciclaje— porque te das cuenta de repente de toda la mierda de la cultura popular a la que se va a someter tu hija.

Entonces se vuelve un asunto personal muy rápido.

DATOS IMPORTANTES DE
PORQUERÍAS DE LA CULTURA POP

- ✓ Están en todas partes y en ninguna
- ✓ No puedes protegerla de ellas, pero puedes educarla acerca de su naturaleza basada inherentemente en la mierda de algunos de los peores aspectos de la cultura popular
- ✓ Enséñale las bases del Feminismo 101

13

La ciberchica: criar hijas en la era de la información hiper conectada

No conozco un solo papá en el mundo al que no le guste pasearse por las tiendas de electrónica y ver las televisiones de pantalla plana y las flamantes computadoras. Puede que no todos seamos *geeks* de la tecnología, pero a la mayoría de nosotros le gustan los juguetes. Estoy seguro de que hay papás que no se impresionan con una televisión de pantalla plana LED de cincuenta pulgadas, pero aún no he conocido a nadie. Igualmente, no conozco muchos papás que vieran un disco duro externo de un terabyte y no se sintieran aunque sea un poco impresionados. Puede ser que no sepamos qué es un terabyte, pero al menos sabemos que sea lo que sea es bastante impresionante. Extrañamente, es un poco como estar impresionados con una caja vacía realmente grande, sólo que es mucho más genial cuando la caja es electrónica. Esta fascinación por las cosas tecnológicas y geniales, nos ayuda cuando tratamos de conocer las vidas en línea de nuestros hijos.

Y créeme, vas a tener que meter la cabeza en su vida en línea.

Parece un poco raro pensar que nuestros hijos tengan una vida en línea, pero la tienen. No sólo tienes que preocuparte por las páginas que ve; también se trata de lo que le dice al mundo sobre sí misma y de con quién habla. Internet es genial en muchos sentidos, pero, como el mar, puede ser divertido y muy refrescante y, en seguida, puede chuparte hacia sus profundidades en compañía de asquerosas criaturas con apetitos rapaces y los dientes bien puestos.

No es tan fácil como prohibir Internet en tu casa, porque la mayoría de las escuelas requieren que los niños tengan acceso a Internet para hacer sus tareas; e incluso si no es así, tu hija tendrá acceso a la red en otros lugares. Va a abrir una página de Facebook cuando esté en casa de una amiga y allí la verá. No la llaman red informática mundial por nada —la maldita cosa realmente es *mundial*—. Lo que haré aquí será ponerte al día brevemente en las cosas más importantes con las que tendrás que enfrentarte y algunas ideas para introducir algunos controles y balances. La red informática mundial es una herramienta fantástica que de verdad puede enriquecer la vida de nuestros hijos si aprenden a sacar provecho de las cosas buenas... y si se protegen a sí mismos de las no tan buenas.

Y ahí es donde entras tú.

Cosas que puedes hacer

Las siguientes son mis sugerencias sobre algunas precauciones básicas que puedes tomar para ayudar a que la red sea un lugar más seguro para ella. Como con la mayoría de las cosas, esto es mucho más fácil durante la primera parte de la crianza de las hijas que en la segunda. El punto aquí es el mismo que con cualquier otro aspecto de su vida: si haces el trabajo en la primera parte, y le enseñas mientras aún quiere oírte, es más probable que tome buenas decisiones durante la segunda parte.

1. ***Pon las computadoras en lugares de uso común:*** Esto es lógico, ¿no? Si la computadora está donde puedas verla, también puedes ver lo que está haciendo tu hija. En este aspecto, los sistemas inalámbricos pueden ser un problema, aunque la solución es

bastante simple: deshazte de lo inalámbrico y vuelve al viejo acceso por cable. Es una mala idea que los niños tengan acceso a Internet en la privacidad de sus cuartos.

2. **Conoce los servicios que usa tu hija:** Es importante que sepas qué servicios utiliza tu hija y qué puede hacer en ellos. Lo más fácil es pedirle que te enseñe. Si te da un *tour* por su mundo en Internet, puedes ver por ti mismo a dónde va, qué hace y el nivel de conocimiento que tiene en línea.

3. **Usa red con filtros de contenido:** Hay un montón de variantes de estas cosas, desde *software* que puedes comprar hasta proveedores de servicios de Internet que ofrecen filtros de contenido como parte de sus servicios básicos. Recuerda, sin embargo, que ella va a tener acceso al mundo en línea en todas partes, y la mayoría no estará filtrada, así que primero, y sobre todo, tu mejor herramienta es la educación.

4. **Enséñale que si algo suena demasiado bueno para ser verdad, probablemente lo sea:** Constantemente me sorprende lo estúpida que es la gente en cuanto a las estafas en línea. El otro día recibí un correo electrónico con un enlace que decía que era una encuesta de McDonald's y que si respondía unas sencillas preguntas, Ronald McD me daría cincuenta dólares. Estaba aburrido, así que abrí el enlace —con la certeza absoluta de que era una estafa— y seleccioné algunas casillas sobre lo que pensaba de una hamburguesa y otra.

   Al final del pequeño cuestionario, decía que si proporcionaba los detalles de mi tarjeta de crédito, mi fecha de nacimiento, mi dirección y el número de mi licencia de manejo, se cargarían cincuenta dólares a mi cuenta.

   Escribí una obscenidad en todas las casillas.

5. **Enséñale que la gente podría no ser quien dice que es:** Una vez más, es bastante obvio, pero aun así tiene que decirse. Algunas veces ella estará hablando con una niña de nueve años que se llama

Phoebe, y algunas veces Phoebe podría ser en realidad un abusador sexual de cuarenta y nueve años cuyo nombre real sea Brian.

6. **Más que nada, enséñale que nunca debe dar información personal, jamás:** Este es el mensaje más importante que debes asegurarte de que haya comprendido. Una cantidad alarmante de niños le dirían a completos desconocidos, como «Phoebe», todo tipo de cosas sobre sí mismos —a qué escuela van, dónde viven y un montón de cosas más—. Ella tiene que entender realmente por qué es importante que nunca dé ninguna información personal. Jamás.

7. **Pon reglas para el uso de la computadora:** Como con cualquier actividad, nuestro trabajo como padres es definir límites razonables y educar a nuestros hijos, incluyendo cómo navegar a salvo por el mundo en línea.

Reglas para la seguridad en línea

Asegurarte de que tú y tu hija tengan algunas reglas básicas de seguridad en línea, es muy buena idea. Esto debe explicarse con claridad, y ella debe entender por qué estas reglas son importantes. El Departamento de asuntos internos de Nueva Zelanda recomienda que las siguientes reglas (basadas en material del Centro Nacional para Menores Desaparecidos y Explotados de Arlington, Virginia, de Estados Unidos) se impriman, se firmen y se coloquen en la pared cerca de la computadora.

1. No daré información personal, como mi dirección, mi teléfono, la dirección del trabajo o el teléfono de mis papás, o el nombre y la ubicación de mi escuela, sin el permiso de mis padres.

2. Si me topo con alguna información que me haga sentir incómoda, le diré a mis padres inmediatamente.

3. Nunca me pondré de acuerdo con alguien que «conocí» en línea para encontrarnos, sin preguntarles antes a mis padres. Si mis padres están de acuerdo con el encuentro, me aseguraré de que sea en un lugar público e iré con mi papá o con mi mamá.

4. Nunca le enviaré a nadie una foto mía ni nada sin antes consultarlo con mis padres.

5. No responderé a ningún mensaje grosero o que me haga sentir incómoda de alguna manera. No es mi culpa si recibo un mensaje así. Si recibo alguno, les diré a mis padres de inmediato para que contacten al servicio de Internet.

6. Hablaré con mis padres para ponernos de acuerdo en las reglas para navegar en línea. Decidiremos las horas en las que puedo estar en línea, la cantidad de tiempo que puedo estar en línea y las páginas adecuadas para mí. No accederé a otras páginas o romperé estas reglas sin su permiso.

Delfines en línea

El «delfín de Héctor» es uno de los delfines más pequeños, pesa alrededor de cincuenta kilos y mide sólo entre 1.2 y 1.6 m de largo. No quedan muchos; la mejor aproximación es de sólo siete mil, y su mayor población se encuentra en el puerto de Akaroa en Canterbury, Nueva Zelanda. Si buscas el delfín de Héctor en Youtube, verás que de verdad son delfines muy pequeños, pero no es eso lo que hace que sobresalgan.

No, el asunto verdaderamente sobresaliente es que el delfín de Héctor es el único cetáceo que usa Internet para mejorar sus posibilidades de que la gente no lo asesine. Parece ser que este humilde y pequeño delfín, muy inteligente para las relaciones públicas, abrió su propio sitio interactivo, www.hectorsworld.com, dedicado a enseñarles a los niños y a sus padres sobre seguridad en línea. Increíblemente, estos pequeños y astutos mamíferos marinos han decidido que la mejor forma de sobrevivir es ayudar a los niños con el objetivo de que a los padres les den menos ganas de matar delfines.

Hay muchos recursos geniales en su sitio para enseñar a los niños a pasear por la red y mantenerse a salvo. También hay montones de información para los padres para que sepas cómo puedes ayudar a tu hija a que entienda lo de la seguridad en línea. Otro pequeño regalo, bastante ingenioso, del sitio es un botón gratuito (una pequeña caricatura de un delfín de Héctor) que puedes descargar, que se sienta en la parte de arriba de la pantalla y, si tus hijos terminan alguna vez en una página con contenido perturbador, simplemente aprietan el botón y la pantalla se llena con agradables escenas submarinas para que no tengan que ver las cosas malas y puedan ir a buscarte.

Así que, no sé tú, pero ya que los delfines de Héctor se han tomado todas estas molestias para crear un recurso tan genial para educarme a mí y a mis hijos acerca de la seguridad en línea, entonces, si se da el caso, creo que la próxima vez voy a matar un delfín de otra especie que no sea el de Héctor... digamos un delfín nariz de botella. Quiero decir, ¿qué carajos han hecho esos egoístas por nadie más que por sí mismos?

Que se jodan, diría.

Los mundos virtuales de los niños pequeños

Si todavía no conoces los mundos virtuales, probablemente deberías presentarte con ellos. De algún modo, el fenómeno del mundo virtual es medio triste, pero al mismo tiempo es medio genial. ¿Cuántas cosas pueden ser tristes y geniales a la vez, y aún tener sentido? La parte triste viene del hecho de que en lugar de tener una vida real, la gente se conecta por horas y horas, invierte tiempo y esfuerzo en algo que realmente no existe; la parte genial está en que muchos de los mundos virtuales son bastante geniales.

El mundo virtual para adultos más grande del planeta es una página llamada Second Life, que, para mucha gente, realmente es una segunda vida. Esencialmente es un mundo en 3D en el que puedes tener toda una nueva vida, e incluso, puedes volar. Más de un millón de gente se ha registrado en Second Life, y muchos de ellos tienen propiedades, venden productos, tienen enemistades, se enamoran, y hacen casi todo lo que la gente hace en el mundo real; sólo que ahí: todo es virtual. Puede que uno se incline a descartar estas cosas como tonterías de *geeks*, pero puede que sea un error, porque las grandes corporaciones e incluso algunas universidades también están abriendo negocios ahí. Hay una cosa que se llama Red de Second Life, en el que negocios, corporaciones educativas y gente que quiere trabajar en un mundo virtual puede entrar y hacer cosas reales. Grandes corporaciones como Xerox e IBM tienen conferencias en Second Life para no mandar gente por todo el mundo a conferencias reales.

Pero no sólo lo hacen las grandes multinacionales, también nuestros hijos. También hay mundos virtuales en línea para niños, y un extraño lugar llamado Club Penguin es ahora el juego más grande en el campo. En este mundo virtual de caricatura, los niños pueden tener su propio alter ego o avatar pingüino, y pueden decorar su propio iglú, jugar y tener mascotas virtuales. Puedes creer que es sólo un mero juego de niños, pero Disney compró Club Penguin en 2007 por setecientos millones de dólares.

Claramente, los trajeados creen que pueden hacer mucho dinero, sobre todo con las tarifas de membresía que pagan los niños si quieren más que el servicio básico y por la venta de chucherías virtuales para adornar sus seres virtuales. Para los padres, lo bueno de Club Penguin es que es un lugar muy seguro para que los niños jueguen en línea, porque hay severas restricciones de los tipos de información que los niños pueden divulgar.

Por lo que es un buen lugar para empezar a aprender a tener una vida en línea segura.

Sitios de redes sociales

Es prácticamente inevitable que tu hija acabe por tener su propia página de Facebook o Bebo, y hay una posibilidad creciente de que *tuitee* en Twitter también. Las redes sociales son uno de los grandes ganadores de Internet, sólo Facebook tiene más de doscientos cincuenta millones de usuarios registrados y un valor aproximado de entre 2.7 a 5 billones de dólares. Funciona así (por si no lo sabes), te registras y recibes una página web personal en la que puedes publicar información sobre ti, incluyendo fotografías, y la gente puede seleccionar enlaces para hacerse tu «amiga», para ver tus actualizaciones y enviarte mensajes.

Suena genial, ¿no? Es una forma grandiosa de mantenerte en contacto con la gente, especialmente con gente que no ves todos los días, o con familiares que viven en el extranjero, o incluso con desconocidos que se volvieron tus «amigos» en línea. El problema de muchos niños es que no se detienen a pensar en que cualquier cosa que pongan en Facebook podrá ser visto por cualquier Tom, Dick o «Phoebe» que les pida ser su amigo.

Igual que acerca de todo lo demás, tienes que educar a tus hijos para que piensen en lo que publican en su página, y las posibles ramificaciones que puede tener a la larga. Algunos jefes, por ejemplo, buscan las páginas de Facebook de empleados potenciales para ver qué averiguan. Si tu hija ha publicado fotos de ella y sus amigas en tremendas fiestas, o incluso información más comprometida, puede costarle un trabajo.

Pero, espera, ¿eso significa que me puedo registrar en Facebook con un alias y pedirle ser su «amigo» para obtener las últimas noticias de su vida?

Sí, supongo que puedes hacer eso.

¿Estaría mal? Quiero decir, es un poco como espiarla, lo cual parece un poco malo, pero también sería una forma de estar al pendiente de lo que hace.

No podría decirte.

¿«No podrías decirme» porque crees que está mal o «no podrías decirme» porque no querrías que alguien pensara que estás consintiendo tácticas tramposas?

No podría decirte.

Teléfonos celulares

Como yo, probablemente recordarás cuando las únicas personas que tenían teléfonos celulares eran los *yuppies* y presumidos, y que los teléfonos mismos eran grandes como ladrillos. Ahora son pequeños, sorprendentes, y están por todas partes. Inevitablemente, la cuestión es cuándo debes permitir que tus hijos tengan un teléfono celular... y usualmente primero la hacen tus hijos. Tristemente, la mayoría piensa que si te lo pregunta cada 23.4 segundos, cederás y dejarás que tenga uno.

Como con muchas cosas de la vida y la crianza, no hay una respuesta absolutamente correcta. No hay una fórmula científica comprobada para decidir cuándo los niños deben tener un teléfono celular, así que será más o menos cuando tú creas que es mejor. Para lo que sirva, aquí está mi opinión sobre el asunto:

- La razón para que le des un celular es facilitarte estar en contacto con ella cuando esté afuera en el mundo, sola. Por eso, no veo por qué alguien menor de doce o trece años necesitaría uno
- Puede ser que tu hija esté en muchos deportes u otras activi-dades y que tengas que coordinar con ella las horas para reco-gerla, en ese caso puede que necesite uno desde un poco antes
- Si sólo lo quiere para mandarles mensajes a sus amigas, enton-ces, yo la haría esperar. Francamente, creo que es un poco tonto que niñas de ocho o nueve años tengan celulares
- Cuando le des un teléfono, piensa cuidadosamente por qué quieres que lo tenga. Si la razón predominante es facilitar que la contactes, entonces no necesita uno que también tenga acceso a Internet. Si puede navegar en la red desde su teléfono, tu capa-cidad para supervisar lo que hace en línea desaparece

Otro punto positivo de los celulares, aparte de la posibilidad de comu-nicarte con ella, es que también se lo puedes quitar cuando nece-sites con qué castigarla. Pero ya llegaremos a ello en el capítulo 17.

DATOS RELEVANTES DE
LAS CIBERCHICAS

✓ Mantén las computadoras en lugares de uso común de la casa

✓ Conoce los sitios y los servicios que ella usa

✓ Usa *software* con filtros de contenido

✓ Enséñale que si suena demasiado bueno para ser verdad, probablemente lo sea

✓ Enséñale que nunca debe dar información personal

✓ Pon reglas para el uso de las computadoras

✓ Edúcate a ti mismo sobre las informaciones tecnológicas y supervísalas lo mejor que puedas

14.

La pubertad:
no es tan aterradora como parece

B UENO, EL TÍTULO DE ESTE CAPÍTULO sólo fue un truco barato para que lo leyeras. La pubertad *es* aterradora; si eres padre de una hija, aquí es cuando vas a querer correr tan rápido y tan lejos como tus piernas te lo permitan. Si la estás criando con su mamá, puedes compartir con ella muchas cosas y, a decir verdad, probablemente tu hija esté más cómoda hablando al respecto con su mamá que contigo. Sin embargo, si la mamá no está, o si están separados y ella pasa un tiempo con su mamá y un tiempo contigo, entonces vas a tener que pensar en estas cosas.

Lo que vamos a hacer en este capítulo será revisar todo con un detalle casi agónico. La mayoría de nosotros tiene una idea general de las «cosas de mujeres». La verdad, la mayoría de nosotros sabe lo suficiente como para saber que no quiere saber demasiado. Algunos asuntos deben permanecer en el misterio. Tristemente, como con muchas cosas, si estás criando una chica no te puedes dar el lujo de tener sólo un conocimiento general del asunto. Vas a tener que conocer el meollo de la cuestión. Hazte fuerte, hombre, porque vamos a hablar de mucosas, secreciones y «productos femeninos».

La razón no es solamente que tal vez deberías saber de estas cosas, sino también que cuando tienes montones de información técnica puedes enfocarte en ella cuando hables con tu hija de «cosas de chicas». Para la mayoría de los padres será más fácil hablar de los detalles técnicos que de la realidad.

Después de todo, se trata de simple plomería.

En este capítulo no vamos a hablar mucho del aspecto psicológico de los adolescentes. Por ahora, me concentraré en el *hardware*, no en el *software*. En las tuercas y los tornillos de la pubertad. La anatomía y fisiología de las «cosas de chicas». El resto, lo veremos en el siguiente capítulo.

Puedes retrasarla, de verdad

Una de las cosas más sorprendentes de la paternidad es que la simple presencia del padre en casa puede retrasar el comienzo de la pubertad en las chicas. Suena loco, pero es real. Un número de estudios de gran escala ha descubierto que las chicas cuyos padres viven en casa empiezan la pubertad más tarde que aquellas cuyos padres están ausentes. Sin embargo, es un poco más complejo, no se trata sólo de la presencia del padre en casa, sino también de la calidad de su relación, eso es lo que realmente cuenta. Mientras mejor se lleven con mamá y papá, más tarde entran en la pubertad.

Así que si estás cerca, y te aseguras de que tu hija vea que su mamá y tú tienen una relación cálida y amorosa, potencialmente tienes un impacto real en la prolongación de su infancia.

Después, se acelera por sí misma

Si hubieras criado a una chica en el siglo XIX, hubiera tenido su primer periodo alrededor de los diecisiete años. En 1960, el año en que John F. Kennedy anunció su candidatura a la presidencia democrática, y Elvis Presley regresó a casa después de tres años en el servicio militar en Alemania, la edad promedio del comienzo de la pubertad había bajado a los doce o trece años. Ahora Elvis está muerto, y la edad promedio para el comienzo de la pubertad es de diez años para las chicas y once y medio para los chicos. En promedio, las chicas tienden a comenzar sus periodos alrededor de los doce años, pero los otros cambios de la pubertad pueden empezar cuando son mucho más jóvenes.

Hay todo tipo de explicaciones posibles, y complicadas, de por qué es así. Probablemente una mejor nutrición juegue un papel importante, pero puede deberse a que la obesidad infantil ahora es un problema mayor, como también al hecho de que ahora los chicos están expuestos a más químicos y cosas asquerosas.

Últimamente ninguna de esas cosas te importa, porque el «porqué» no es para nada tan importante como el «cuándo», y el «cuándo» es sin duda alguna mucho antes de lo que solía ser.

El milagro de la pubertad

Cuando te detienes a pensar en la pubertad, es bastante sorprendente. Por medio de un proceso complicado que involucra su «reloj interno» y mecanismos internos de reacción química, su cuerpo decide que está listo para hacer bebés. Así que en algún momento entre los ocho y los trece años, la glándula pituitaria del cerebro secreta una hormona folículo estimulante (HFE) en el torrente sanguíneo, que viaja hacia los ovarios y estimula la producción de estrógeno.

Ahora, ya sé que la HFE es una hormona, pero en mi imagen mental siempre la veo como un montón de chicas atrevidas en un Cadillac que corren por el gran *spaghetti* del sistema circulatorio con música a todo volumen, con el cabello largo al viento y muertas de risa. Que la HFE baje a hacer sus asuntos es básicamente el viaje biológico más grande del mundo.

Se acerca la revolución, *baby*.

El poder de las chicas está en movimiento y no se va a ir sin prisioneros. Tan pronto como la HFE llega a los ovarios, la producción de estrógeno se pone en marcha y no hay vuelta atrás. La infancia queda atrás en un remolino de hormonas, y el cuerpo se prepara para hacer bebés. Es un pensamiento aterrador, lo sé, pero la meta final va a suceder dentro de algunos años: la propagación de la especie.

Las etapas de la pubertad

La primera señal notable de la pubertad en las chicas es el desarrollo de los pechos. Esto puede ocurrir desde los ocho años, pero en promedio empieza alrededor de los diez, y la primera evidencia es una hinchazón de «capullo» alrededor del pezón. Este puede ser el comienzo de una etapa de ansiedad para las chicas, porque se preocupan por cómo se ven y, a veces, las molestan, particularmente si empiezan a desarrollarse más temprano (o más tarde) que sus compañeras. Esto significa que vas a tener que hablar con ella para que sepas si tiene problemas. En un momento llegaremos a la forma de hacerlo, por ahora, es importante que sepas que, para las chicas, estas primeras señales de la pubertad implican un momento de extrañeza o de incomodidad.

El siguiente paso es el desarrollo de vello púbico y de vello en las axilas. Generalmente el vello púbico empieza a desarrollarse aproximadamente entre los nueve y los quince años, y el vello axilar, cerca de dos años después de las primeras señales de vello púbico. También es cuando las chicas empiezan a depilarse o a rasurarse las piernas, porque empieza a hacerse más notorio alrededor del mismo momento.

Otros cambios que acompañan las altas y bajas de las hormonas son el aumento de peso y los barros. En este momento, las mujeres suben de peso porque el cuerpo se prepara para tener hijos, por eso ganan peso en los pechos, en las caderas y en los muslos. Justo como los niños, las chicas tienen estirones durante la adolescencia; la mayoría de la gente alcanza su estatura adulta completa entre los quince y los diecinueve años. Los barros surgen por los cambios en la aceitosidad de la piel debido a las hormonas.

Sé lo que estás pensando.

¿Qué? ¿En qué estoy pensando?

Estás pensando: Sí, pero qué hay de la otra cosa.

¿A qué te refieres?

A la palabra que empieza con M.

Oh.

La palabra que empieza con M

La menstruación: Listo, lo dijimos, no estuvo tan mal, ¿o sí?

Básicamente es el punto de partida de la incomodidad de los padres en cuanto a sus hijas. Esta parte del mundo femenino es un misterio para la mayoría de los hombres. Puede que entendamos los puntos básicos, pero no muchos de nosotros queremos saber más de lo absolutamente necesario al respecto. No tú: tú tienes que saberlo todo al respecto. Así que lo que voy a hacer es explicarte primero la plomería y luego el *hardware*.

En realidad, una vez que empieces a pensar en esto como plomería —como una serie de sistemas conectados que tienen una función—, no es tan aterrador como creerías en un principio. Sin embargo, me voy a poner bastante técnico, porque, si te pareces aunque sea un poco a mí, los detalles técnicos te hacen sentir cómodo.

En promedio, la menstruación comienza alrededor de los doce años de edad, después del desarrollo de los pechos. Recuerda que estos son simplemente promedios; en algunas chicas el proceso puede comenzar antes, y en otras un poco después. Como usualmente es un asunto muy importante para las chicas, tienes que entender lo

que pasa para que te sientas seguro hablando con ella de lo que le
está pasando si la situación lo requiere.

El ciclo menstrual (que suena como algo que un payaso montaría
mientras dice bromas perversas) está dividido en tres fases distintas:
la menstruación (la parte que comúnmente se llama el «periodo»),
la fase folicular y la fase lútea. La ovulación, que es cuando el huevo
u óvulo se libera, marca la transición de la fase folicular a la fase lútea.
La longitud de los ciclos menstruales varía de mujer a mujer, pero el
promedio es de veintiocho días, y el primer día de la menstruación,
cuando empieza su periodo, se cuenta como día uno.

Para la mayoría de los hombres es una sorpresa que haya tres
fases separadas. La mayoría piensa que sólo se trata de la parte trastornada, y luego las cositas se sientan a jugar Pacman el resto del
tiempo. Esto no podría estar más lejos de la verdad, porque el sistema
reproductor es una maquinaria impresionante. Así es como el asunto
funciona en secuencia, empezando en el día uno del ciclo menstrual.

1. La menstruación es la parte del ciclo en la que hay sangrado. Veremos el porqué en el otro extremo del ciclo; por ahora, quedé-
   monos con que el sangrado ocurre en el día uno. Puede durar
   de dos a siete días, y usualmente conlleva la pérdida de entre
   10 y 80 mm de sangre. La sangre fluye continuamente debido a
   que una enzima llamada plasmina inhibe su coagulación, para
   «limpiar» efectivamente el sistema (ya ves, te lo dije, básicamente
   es plomería). Esta parte del ciclo puede estar acompañada por
   dolores abdominales, en la espalda o en los muslos altos. Obviamente es la parte en la que son necesarios los tampones y las
   toallas; después también cubriremos las opciones de *hardware*.

2. Durante los primeros días del ciclo, nuestras viejas amigas las
   HFE (hormonas folículo estimulantes) se liberan, lo cual estimula
   el crecimiento de los folículos ováricos. Se trata de un proceso
   competitivo en el que intervienen varias hormonas diferentes.

Justo como es esa película maravillosa, *Highlander*, sólo puede ganar uno, y así es también con los folículos ováricos, porque sólo uno madura y se convierte en un óvulo o huevo. A diferencia de *Highlander*, no hay peleas de espadas, lo cual, dada la ausencia de espacio, probablemente sea bueno.

3. Los folículos en desarrollo secretan *estradiol* y *estrógeno*, lo que estimula el engrosamiento del *endometrio*, que es el nombre técnico de la pared del útero. El *estrógeno* también estimula la *cérvix* para que produzca moco cervical. Suena bastante asqueroso, pero el moco cervical es importante para la reproducción, esencialmente porque provee el medio por el que el esperma viaja por el útero hacia las trompas de Falopio para fertilizar el huevo u óvulo.

4. Conforme se desarrollan los folículos, la cantidad de *estradiol* que producen aumenta gradualmente hasta que llega a un nivel disparador, lo que pone en marcha la producción de la *hormona luteinizante* (HL), usualmente alrededor del día doce del ciclo. Esta hormona ayuda a completar las etapas finales para preparar el huevo y su eventual liberación a la trompa de Falopio.

5. El huevo se desliza del ovario a la trompa de Falopio por un pequeño tejido llamado *fimbria*.

6. Después de un día aproximadamente, el huevo, si no fue fertilizado (por lo cual rezan todos los padres), se disuelve. Fffiiiuuuuu.

7. La siguiente parte se llama *fase lútea*. Después de que se libera el huevo, una parte del ovario llamada *cuerpo lúteo* sigue creciendo y produce numerosas hormonas, pero hay una en particular que se llama *progesterona*. Esta hormona es como la tripulación terrestre de un transporte aéreo, porque su función es preparar la cubierta del útero para que aterrice el huevo fertilizado. Astutamente, si el huevo no fue fertilizado, el cuerpo lúteo suprime la producción de las hormonas necesarias para continuar el proceso —HFE y HL— y, esencialmente, se reseca.

8. Esto dispara el comienzo de la menstruación, o el «periodo», cuando las paredes del útero se desprenden, lo que resulta en una pequeña cantidad de sangrado, y nos trae de vuelta al día uno.

¿Ya entiendes a qué me refería con que era a la vez complejo y ajetreado? Sólo para estar seguros aquí está todo en un simple diagrama. Contiene los eventos principales y una guía de cuándo ocurre cada fase o evento *en promedio*.

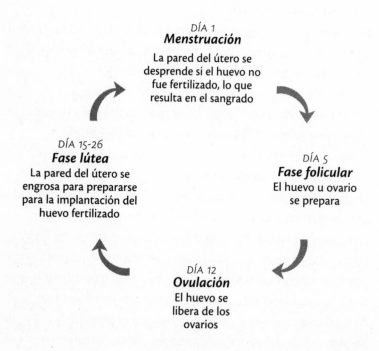

DÍA 1
Menstruación

La pared del útero se desprende si el huevo no fue fertilizado, lo que resulta en el sangrado

DÍA 15-26
Fase lútea
La pared del útero se engrosa para prepararse para la implantación del huevo fertilizado

DÍA 5
Fase folicular
El huevo u ovario se prepara

DÍA 12
Ovulación
El huevo se libera de los ovarios

El *hardware*

Las opciones básicas son las toallas sanitarias y los tampones. Para la gran mayoría de las chicas, los tampones parecen un gran salto para el comienzo, así que usualmente comienza con las toallas (parecen vendas esterilizadas, y algunas hasta tienen alas): se ponen dentro de la ropa interior para que absorban la sangre durante el periodo. Tienen que cambiarse cada dos horas, dependiendo del volumen de flujo. Generalmente, son el método más fácil, menos tecnológico y menos angustiante que hay para «esos días del mes». La mayoría de las chicas empieza con toallas porque son más sencillas.

Los tampones están hechos de algodón suave y se insertan en la vagina para que absorban el flujo menstrual. Parecen un capullo de algodón con una cuerda, como un pequeño ratón de algodón. Usualmente las chicas tienen todo tipo de preguntas sobre el tampón e Internet puede ser de gran ayuda. Hay un montón de sitios que ofrecen todo tipo de consejos y asistencia sobre la elección de los tampones. Simplemente *googléalo* y encontrarás toda la información sobre «necesidades femeninas» que pudieras querer.

SPM

Hagas lo que hagas, ten cuidado con esto, porque es como una pesadilla de principio a fin. A veces la simple mención de SPM (síndrome premenstrual) puede provocar una dosis de SEPDTSPM (síndrome de enojo porque dijiste que tenía síndrome premenstrual). Esencialmente en esto no puedes ganar de ninguna manera, así que mejor sólo intenta entender qué es. Usualmente los síntomas ocurren durante las dos semanas antes del inicio del periodo y desaparecen justo antes o justo después del flujo menstrual. Los síntomas de SPM incluyen:

- Hinchazón
- Cólicos
- Sensibilidad en los senos
- Estrés o ansiedad
- Dolor muscular
- Insomnio
- Dolor de cabeza
- Fatiga
- Acné
- Cambios de humor
- Irritabilidad
- Metamorfosis cataclísmica en demonio femenino

Por el momento, nadie sabe a ciencia cierta qué ocasiona el SPM. Parece que ocurre durante la fase lútea del ciclo menstrual, aunque la mayoría de las chicas que lo sufren parece tener niveles normales de las varias hormonas sexuales, así que de todos modos es un misterio. La mejor hipótesis es que las hormonas afectan de alguna manera la química cerebral. Quién sabe, y a quién le importa, la verdad. Todo lo que tienes que saber es cómo sobrevivir a él. El truco parece ser entender que, como dijo Buda, la vida es sufrimiento, y que el sufrimiento puede intensificarse regularmente cuando la gente de tu casa pasa por la fase lútea. Espéralo, adáptate, supéralo. Si las cosas son particularmente malas, puedes consultar al médico familiar para ver si puede ayudarte.

Cómo hablar de estas cosas

Está bastante claro que las chicas pasan por muchas cosas durante la pubertad, así que es importante que empieces a hablar de ello tan pronto como te parezca apropiado.

Ya sé lo que estás pensando; estás pensando: Sí, para ti es fácil decirlo, chico listo, tú tienes dos hijos. ¿Cómo demonios empiezo a hablar con mi hija de estas cosas?

No tengo reparos en admitir que siento un gran alivio por tener dos hijos. No se puede escapar al hecho de que, en cuanto a la pubertad, es más difícil si eres un papá que cría hijas, especialmente hablar de la pubertad. Así que simpatizo con tu situación, de verdad, pero es tu situación. Ella sólo tiene un papá, y eres tú, así que esta es una de esas veces en las que tienes que dejar de quejarte y actuar.

Probablemente la mejor manera es que te olvides de la extrañeza sexual y te concentres en sus mecanismos. Cuando lo desmenuzas, sólo se trata de un gran asunto de plomería, así que si te enfocas en los aspectos físicos y técnicos, probablemente te parezca más fácil.

Este es un ejemplo de cómo podría ir la conversación:

TÚ: ¿Y sabes que te estás acercando a los once?

ELLA: Sí.

TÚ: Estaba pensando si tienes dudas de la pubertad y de cómo cambia tu cuerpo mientras creces.

ELLA: ¡Papá!... No.

TÚ: Ok, pero si las tienes puedes preguntarme. Parte de mi trabajo es ayudarte a entender todo eso.

ELLA: ¡Papá!

TÚ: Sólo estoy diciendo.

Tres semanas después...

TÚ: ¿Leíste el libro que te dejé en tu cama?

ELLA: Uhh, sip.

TÚ: ¿Y qué opinas?

ELLA: Que está bien, creo.

TÚ: ¿Tienes alguna pregunta?

ELLA: No sé.

TÚ: Es importante que entiendas todos los cambios que ahora mismo te están pasando y, sobre todo, necesito que sepas que me puedes preguntar sobre cualquier cosa. Algunas pueden parecer un poco confusas al principio, como cuando empiezan los periodos y todo eso, así que es importante que sepas que puedes hablar de eso conmigo en cualquier momento, incluso sobre estrógeno y plasmina.

ELLA: ¿Qué es eso?

TÚ: El estrógeno es como un químico del cuerpo de las chicas que le ayuda a prepararse para la primera parte de su ciclo menstrual, y la plasmina es otro tipo de químico, llamado enzima que ayuda a controlar la duración del periodo.

ELLA: ¿Cómo?

TÚ: ¿Qué? ¿El estrógeno o la plasmina?

ELLA: La plas... lo que sea.

Y así, simplemente, ya están hablando.

Hay cientos de formas de iniciar la conversación, pero si empiezas por las partes técnicas puede ser un poco más «funcional» y un poco menos raro. Además, si tienes cosas técnicas de las que hablar no necesitas preocuparte de qué decir. Simplemente explícale el proceso real tan simple o tan complicadamente como les funcione a los dos.

Lo importante es que tienen que hablar al respecto. No se trata de una «gran conversación» que después puedas tachar de tu lista. Es una conversación que necesitas tener de vez en cuando ya sea porque la saque ella o porque creas que hay cosas de las que tienen que hablar.

Refuerzos

Es probable que, aun cuando te hayas armado con conocimiento, diagramas y panfletos, todavía haya momentos en los que ella necesite hablar de cosas de chicas con una mujer. Si ese es el caso, hay un cierto número de lugares en los que puedes pedir refuerzos:

- Una doctora familiar amigable
- Tías y abuelas
- Libros escritos por mujeres para chicas
- La mamá de una de sus amigas
- Una prima más grande
- Clínicas de planificación familiar

Todas estas personas y lugares son, usualmente, buenas fuentes de apoyo tanto para las hijas como para los padres que están solos.

DATOS RELEVANTES DE
LA PUBERTAD

✓ La edad promedio del comienzo de la pubertad es alrededor de los diez años

✓ La pubertad puede parecer aterradora, pero si te familiarizas con los detalles técnicos se hace más fácil hablar al respecto

✓ Recuerda: básicamente estás hablando de un sofisticado sistema de plomería

✓ No es algo de que hablas una vez y tachas de la lista; ella necesitará retomar la conversación de vez en cuando conforme vayan saliendo ciertos asuntos

✓ Edúcate al respecto, y vas a estar bien

15

La adolescencia: el lugar al que van a morir las bromas de papá

E L OTRO DÍA estaba hablando con un amigo mío que me decía que últimamente se había dado cuenta de que sus bromas ya no funcionaban con su hija de diez años; incluso, todo lo contrario. Mientras que antes el uso hábil de sus bromas podía convencerla y alegrarla para hacer cualquier cosa que tuviera que hacer, ahora aparentemente sólo la enfurecía.

«Es un cambio cualitativo», decía. «No es que simplemente haya crecido un poco y se haya vuelto un poco más inteligente, o que nosotros tengamos que ajustar nuestras respuestas un poco, es como si hubiera una lucha por el control completamente nueva. La veo queriendo controlar lo que hace y lo que no hace de una manera muy diferente. Y ahora estoy pensando en lo que vendrá en unos años, y me inclino un poco por quererla controlar más que nunca.»

Eventualmente las bromas de papá terminan por morir. En los primeros años, todo papá es un exitoso comediante. Hacemos nuestras bromas de mierda, y nuestros estúpidos chistes, y siempre obtenemos risas. A veces, nuestros hijos se ríen tan fuerte que literalmente se caen, lo cual es profundamente satisfactorio para la mayoría de los papás; pero tarde o temprano el público cambia, madura, y lo que solía ser gracioso, ya no lo es. De repente, ya no llenas las salas de concierto en cada actuación, de repente eres el viejo y triste tonto con menos cabello y más panza, que lucha por obtener presentaciones en el club de golf. Nadie piensa ya que seas gracioso, y eso arde, porque uno recuerda cuando los tenía muertos de risa.

Es muy común que muchos papás se desilusionen en esta etapa, y también es muy común que los papás sientan que lo mejor que pueden hacer es retirarse del circuito de la comedia y bajarse del escenario. Un hombre sólo puede soportar cierta cantidad de burlas, de público que lo abuchea y de asientos vacíos. En cierto punto va a ser demasiado y entonces va a preguntarse si ya es tiempo de renunciar, de retirarse del circuito y buscar un refugio para esconderse en algún otro lado.

¿Qué mata las bromas de papá?

La triste realidad es que la biología mata las bromas de papá y es probable que tenga mucho que ver con algo llamado hormona liberadora de gonadotropina. Esta cosa se libera de una estructura que está en las profundidades del cerebro una vez que un reloj biológico muy complicado decide que es tiempo de ponerse a trabajar en las cosas de las que hablábamos en el capítulo anterior, y con ello viene la inevitable muerte de las «bromas de papá». El ajetreo de la adolescencia a veces le quita la vida al humor de papá y crea un aire de frustración demasiado denso para permitir la vida. Cuando la pubertad llega, también llega la adolescencia, que es el aspecto de comportamiento y psicológico de crecer.

En algún momento de la compleja danza entre la biología y la psicología, las bromas de papá simplemente se quedan sin oxígeno. Ya no la satisfacen; ya no la convencen para que haga las cosas. Ahora, tu hija empieza a ver que la vida realmente está ahí afuera, esperándola, y no se va a retrasar o a distraer.

Mientras que alguna vez pudiste hacer un chiste para salir del paso, de repente descubres que no se conforma con eso. Quiere más; aunque la mayor parte del tiempo no sepa de qué quiere más, simplemente sabe que quiere más.

Verás, no sólo su cuerpo está cambiando, sino que su cerebro está cambiando, y con ello todo su ser está cambiando. No sólo cambia su forma física para acomodarse a su adultez, también su forma psicológica. Tiene que empezar a pensar que ya no es una niñita y que las reglas han cambiado para siempre.

Y tú también.

Por eso de repente te vas a dar cuenta de que las cosas que antes la hacían reír ahora sólo la enfurecen. Cuando era niña, la satisfacía ser mantenida, controlada; pero ahora que el mundo de los adultos está llamando a su puerta, ya no puede seguir así. Puede que aún no quiera irse de casa y tener su propio departamento en la ciudad, pero va a sentir que todas las cosas cursis de niñitas son ligeramente aburridas.

La madurez no es una línea recta

El punto que muchos padres entienden mal es que, como parecen cada vez más adultos, esperan que sus hijos actúen cada vez más como adultos. Aunque puede ser verdad por breves, y alguna vez espantosamente intuitivos momentos, no todo el tiempo es así.

La madurez no ocurre como una línea recta en una gráfica. Se parece un poco más a escalar los Andes, con el viaje marcado por picos altos, precipicios abruptos y, con frecuencia, caídas casi verticales a valles que están miles de metros abajo. Debes ser cuidadoso en cómo pisas aquí, porque lo que parece terreno sólido puede derrumbarse bajo tus pies en cualquier momento.

Y mientras tropiezas una y otra vez, preguntándote cuándo tocarás tierra, siempre sientes en igual medida sorpresa, decepción y, usualmente, terror abyecto.

El cerebro adolescente

Si tienes una adolescente, a veces debes preguntarte qué pasó con
el cerebro funcional que tuvo durante la mayor parte de su infancia. Aparte de algún extraño fallo en el sistema, seguramente pensa-
bas que su cerebro funcionaba bastante bien, y que marchaba en un
modo razonablemente lógico. Después, sin razón aparente, parece
que perdió la cabeza.

Probablemente todos hemos escuchado de la importancia de los
tres primeros años de la vida para el desarrollo del cerebro, pero sólo
en los últimos años los investigadores han empezado a manejar que
los años de adolescencia también son un momento de desarrollo y
cambio. Así como la biología de la adolescencia baña el cuerpo en
hormonas que disparan el desarrollo físico y la maduración del cuerpo,
también marca un tiempo de cambios sustanciales en el cerebro.

Materia gris y materia blanca:
la única materia que importa

Puede ser que hayas escuchado antes el término «materia gris», y
puede que también hayas escuchado el término «materia blanca».
Estos términos se refieren a cómo las diferentes partes de las células del cerebro —o neuronas— aparecen en los escaneos cerebrales. En gran parte es imaginativo, pero esencialmente el cuerpo
principal de la neurona o célula cerebral aparece gris en el escaneo cerebral, y la solución adiposa —llamada *mielina*— que está
alrededor de las conexiones que brotan del cuerpo de la neurona
aparece blanca.

Materia gris y materia blanca. Supongo que se les ocurrieron
nombres tan aburridos porque los cerebros son tan tremenda-
mente interesantes que tenían cosas más importantes en la mente

que inventar nombres geniales. Sin embargo, es una lástima que no pudieran ponerle un poco más de empeño para que al menos fuera un poco más genial para el resto de nosotros que no nos sentimos automáticamente fascinados por las investigaciones cerebrales.

Una de las cosas interesantes —a pesar de los nombres aburridos— es que la materia gris alcanza en varias partes del cerebro su máximo volumen alrededor de uno o dos años antes en las niñas que en los niños. Esto puede explicar por qué las niñas en sus primeros años de adolescencia tienden a pensar que los niños de su edad son inmaduros y tontos. Ahora, siempre debes tener en cuenta que hay que tener cuidado con las deducciones que surjan a partir de *cualquier* diferencia observada en los cerebros de los niños y de las niñas. No sólo porque hay una gran variación individual entre los niños y las niñas, sino que también es bastante difícil determinar qué papel juega el cerebro en el comportamiento en el mundo real. Así que es interesante, pero estamos lejos de definir cualquier cosa acerca de lo que las diferencias significan.

También es interesante, ya que estamos en el tema de las cosas interesantes, que el desarrollo de la materia blanca aumenta más o menos de manera estable a lo largo de la infancia y la adolescencia. La materia blanca actúa como un aislante que envuelve las ramas de las neuronas en una capa adiposa. Esto ayuda a acelerar la transmisión de los impulsos nerviosos, como el aislante alrededor de un cable.

Sin embargo, recientemente se ha descubierto que la materia blanca no sólo acelera la velocidad de las transmisiones de los impulsos nerviosos, sino que también regula el tiempo y la sincronía de esos impulsos.

Así que conforme ellas crecen, parece haber un incremento estable en la eficiencia en la velocidad y el tiempo de los impulsos nerviosos. Puede que uno no se haga más sabio conforme envejece, pero ciertamente va desarrollando un sistema que funciona más eficientemente con la edad.

Los lóbulos frontales, siempre importantes

Para la mayoría de nosotros, el cerebro es simplemente una cosa grande y arrugada, pero para el neurocientífico promedio, el cerebro es una vertiginosa y fascinante colección de sistemas separados pero conectados, terriblemente compleja; la manera en la que todas las partes trabajan juntas para hacernos lo que somos aún está por ser completamente comprendida. Ahora, aunque todas sus partes son obviamente muy importantes, una de las más significativas es el *lóbulo frontal*. Probablemente no sea una sorpresa para ti, dada la pobreza con la que los neurocientíficos han nombrado todo hasta ahora, que el lóbulo frontal sea la parte del frente del cerebro. Resulta que el lóbulo frontal es muy importante para las mayores funciones del cerebro, como la evaluación del riesgo y la planeación.

Una pieza de esta parte del cerebro es realmente muy importante, la *corteza prefrontal*. Esta parte del cerebro es tan importante que, en un exceso de lujo metafórico, algunos neurocientíficos la han llamado «el asiento de la razón». La corteza prefrontal es una parte de nuestro cerebro fundamental para tareas tan importantes como la evaluación del riesgo.

Es como si el resto del cerebro le dijera a uno que haga algo y todo fuera a la corteza prefrontal para la aprobación final. Además, la corteza prefrontal es la parte que le dice al resto del cerebro que se relaje cuando uno se está poniendo un poco nervioso.

Súmale a eso todos los papeles sociales que juega (como la autoconciencia y que te permite entender las perspectivas de los demás), y tendrás una idea de cuán importante es esta pequeña cosa arrugada.

Sabemos que el crecimiento de las neuronas (el nombre técnico de las células cerebrales) en el lóbulo frontal se alcanza alrededor de los once años de edad en las niñas y a los doce en los niños. Podrías sentirte inmediatamente a gusto por ello, pues no es tu culpa si piensas automáticamente que es algo bueno. Seguramente si su crecimiento llega a su máximo a los once años, entonces tu hija estará preparada para tomar buenas decisiones sobre lo que es riesgoso y lo que no lo es, ¿no?

Tristemente, no.

Para que entiendas por qué, debes saber un poco acerca de cómo el cerebro adolescente se expande y se encoge en unos pocos años y, más específicamente, por qué el encogimiento es algo bueno.

Demasiado de algo bueno: increíble expansión – encogimiento del cerebro adolescente

Como vimos en el capítulo anterior sobre la pubertad, el cuerpo humano es una cosa realmente impresionante, lo que es doblemente cierto para el cerebro. Probablemente hayas escuchado que los primeros tres años de vida son un «periodo crítico» para el desarrollo del cerebro de los niños, pero no se ha escuchado tanto de la importancia de los años de adolescencia.

Justo como hay una proliferación del desarrollo cerebral en los primeros tres años, hay un segundo «estirón» del cerebro durante la adolescencia, que es por lo cual vemos en las niñas el máximo de crecimiento de la materia gris alrededor de los once años.

El problema es que, como con la sal, demasiado de cualquier cosa difícilmente es bueno. Lo mismo pasa con la materia gris. Como ejemplo concreto, los investigadores encontraron que cuando se les pedía a los niños que relacionaran imágenes de expresiones faciales particulares con palabras que describieran esas expresiones (feliz, triste, enojado) había un *deterioro* en su participación cuando empezaban la pubertad.

Los niños y los adolescentes mayores eran mejores para relacionar las expresiones faciales con palabras que describieran esas emociones.

¿Por qué podría ser?

La mejor teoría por el momento parece ser que se trata de un caso de tener demasiado de algo bueno. Las neuronas son geniales, pero parece que la proliferación de las neuronas al comienzo de la pubertad obstruye el sistema, por lo que no se pueden hacer ciertas tareas tan bien como cuando se tenía más espacio en la cabeza. Los adolescentes mayores son mejores para este tipo de tareas porque —justo como en los cerebros de niños muy pequeños que están atascados de neuronas y conexiones— pasaron por una depuración del exceso de cableado, por un decaimiento gradual en la cantidad de materia gris y algunas conexiones permanecieron y otras se descartaron; como los periódicos viejos, simplemente desaparecieron en las alcantarillas y en el callejón trasero del cerebro adolescente.

La toma de riesgos de los adolescentes: cómo manejar desde el asiento trasero

Si uno regresa mentalmente a sus años de adolescencia, probablemente habrá una cosa o dos de las que haya hecho que —en retrospectiva— parezcan muy pinche tontas. No sería el único; yo hice una o dos cosas en la adolescencia que ahora hacen que me ponga un poco pálido cuando pienso en ellas. Como breve ejemplo en forma de confesión, una vez, cuando era adolescente, fui a hacer *rappel* con un amigo. Los dos sabíamos más o menos lo que estábamos haciendo, pero yo estaba un poco oxidado en el asunto de los nudos. Así que le hice un triple nudo de la abuela y ambos nos fuimos hacia el borde de un precipicio de trescientos metros. En ese momento me pareció muy razonable. En retrospectiva, hubiera querido estar seguro de que ese nudo es un nudo de *rappel* oficial aprobado por alguien mucho más inteligente que yo.

«Puedes saber por sus ojos»

Una vez me pidieron que hiciera entrar en razón a una niña de catorce años que se fugaba de casa todo el tiempo. Ella vivía en un área semi rural bordeada por una de las vecindades más rudas de la ciudad. Ashly había desarrollado la práctica completamente alarmante de salirse por la ventana de su cuarto en las primeras horas de la mañana y caminar kilómetros por caminos solitarios para encontrarse con sus amigas. Justo la semana antes de que la viera, en la misma zona encontraron el cuerpo de una niña tirado a un lado del camino. Su psicópata ex novio la asesinó y la abandonó en una zanja.

—¿Oíste de la niña que fue asesinada la semana pasada? —le pregunté.

—Sí.

—¿Te preocupó?

Frunció el ceño como si le hubiera hecho la pregunta más estúpida de la historia de las preguntas.

—No.

—¿Por qué no?

—Porque yo puedo cuidarme sola.

A pesar de la nefasta seriedad de la conversación, no pude evitar reírme. Era una rebanada de persona tan espabilada como una franela húmeda.

—¿Que tú qué?

— Que puedo cuidarme sola.

—¿Cómo sabes?

—Porque sé quién es malo y quién no.

—¿De verdad?

—Sí.

—¿Cómo?

—Por sus ojos —dijo, como si estuviera compartiendo el gran secreto de la vida callejera.

—¿Por sus ojos?

—Sí.

—¿Qué hay con sus ojos?

—No sé, simplemente sabes.

—¿Por sus ojos?

Asintió con sabiduría.

—¿Cuántos asesinos has conocido? —le pregunté.

—Ninguno.

—Así que en realidad no has conocido a un asesino de verdad.

—No.

—¿Sabes a cuántos he conocido yo?

—¿Cuántos?

—Muchísimos. Cuando no estoy hablando con adolescentes, me paso el resto del tiempo hablando con asesinos y violadores, y vendedores de drogas, con toda clase de tipos malos.

—¿De verdad? —Finalmente parecía interesada.

—De verdad. Y algunos se veían justo como esperarías que se vea un asesino, con ojos de loco y tatuajes de la cárcel y toda la cosa, pero otros parecían todo lo contrario. Algunos parecían los tipos más agradables del mundo. Eran amables, corteses y con un gran sentido del humor.

—¿En serio?

—En serio. ¿Y sabes cuál era el único modo como podía saber que estos tipos agradables, amables, corteses y encantadores eran asesinos?

—¿Cómo?

—Tenía que leer sus archivos.

—¿Qué decían?

PADRES QUE CRÍAN HIJAS

Suspiré.

—Ese no es el punto. El punto es que no siempre puedes saber quiénes son los malos porque a veces se ven justo como los buenos. Y ¿sabes qué más?

—¿Qué?

—Las niñas como tú son el blanco perfecto para los tipos malos como esos. Será encantador y amable y te ofrecerá un aventón, y cuando te des cuenta de que estás en serios problemas, será demasiado tarde.

Nos quedamos un momento en silencio. Me preguntaba si habría asimilado algo de lo que le había dicho.

—Bueno, de todos modos no importa —dijo por fin.

—¿Por qué?

—Porque en la escuela tuvimos una clase de defensa personal.

Y lo más aterrador era que realmente lo creía.

Entonces, ¿por qué los adolescentes corren riesgos tan locos?

Sería fácil caracterizarlos simplemente como un poco mareados o decir que no piensan, pero eso está lejos de la verdad. Parece que hay evidencias de que el cerebro adolescente se desarrolla de un modo extraño y eso los predispone a hacer lo que al pie de la letra parecerían decisiones ligeramente locas. Ahora hay evidencias bastante buenas que demuestran que los adolescentes se involucran en actividades riesgosas y peligrosas *a pesar* de que entienden perfectamente los riesgos que implican. Aunque sepan que algo puede ser peligroso, están más motivados por sus *sentimientos* y por sus *amigos*.

Una vez que llega la pubertad, hay cambios de los centros de estimulo-recompensa en los niveles más profundos del cerebro, lo que casi lanza al adolescente a la búsqueda de emociones. Desafortunadamente, la parte del cerebro que se supone que debe mantener estas cosas bajo control, nuestra vieja amiga la corteza prefrontal, aún se está formando. El resultado final es que el motor está trabajando, pero el conductor aún no está ahí completamente. Si los adolescentes están solos y tienen mucho tiempo para pensarlo, son capaces de tomar decisiones más o menos prudentes, pero si están con sus amigos y sienten incluso el mínimo olorcillo de emoción, todas las apuestas están perdidas.

La loca tía Harriet

Una forma más sencilla de pensar en estas cosas es que tengas en cuenta a la loca tía Harriet. Imagínate que tus parientes se reunieron y decidieron que tu loca tía Harriet debe irse a vivir contigo. Ha pasado muchos años viviendo más o menos felizmente en una institución privada para gente «un tanto trastornada», sin embargo —después de un escándalo con carreras ilegales de tortugas y significativas irregularidades en la contabilidad— el lugar cerró. Como tú no fuiste a la reunión, todos votaron en tu ausencia para que viviera contigo.

Pobre.

Sin embargo, no puedes hacer mucho, así que se muda contigo, pero duerme en un catre en el sótano. Ahora imagínate que una noche están viendo la televisión y le preguntas a tu loca tía H si quiere una taza de té. Entonces, ella salta, estalla en llanto, te dice que eres un «bastardo jodido de mierda en el zapato» y se va dando tumbos al sótano.

¿Te sentirías ofendido?

Yo diría que no. Me imagino que no te lo tomarías personal, porque pensarías que ella está, bueno... loca.

Entonces, ¿por qué te lastimaría que tu hija de catorce años estalle en llanto y te grite «Jódete, ¡te odio!» sólo porque le preguntaste por qué no limpió el baño? Verás, siempre he pensado que la adolescencia se parece más a una enfermedad mental que a una fase de

PADRES QUE CRÍAN HIJAS   165

desarrollo. No están bien de la cabeza, y la ciencia parece estar de
mi lado en este punto.

Ahora, tengo que ser muy claro en que no estoy trivializando la
angustia y la desesperación genuinas que experimentan las familias
con adolescentes con genuinas enfermedades psiquiátricas. Nada
más lejos, porque he trabajado con muchas familias que luchan por
sobrellevar estos asuntos realmente serios.

Lo que *estoy* diciendo —y lo digo sin reservas— es que no debes
tomarte a tu hija demasiado en serio cuando hace o dice locuras. No
todo es su culpa. Una parte lo es, pero otra parte es simplemente
el resultado de no que no está conectada completamente. Su red
aún tiene que hilarse más. Así que si piensas que cuando dice que
te odia realmente quiere decir eso, entonces eres un idiota. No te
odia. Si aún lo dice a la mitad de sus veinte, es una historia diferente,
pero en los turbulentos años de la adolescencia, es más prudente
que simplemente la pongas en la escala de la loca tía Harriet.

La buena noticia es que, con el tiempo y un poco de paciencia,
la loca tía Harriet se recuperará completamente.

La única pregunta que importa

Como puedes ver, las cosas del cerebro son bastante interesantes
y parece que nos dan algunas pistas sobre por qué los adolescentes son tan... bueno... adolescentes. Puede que se vean cada vez
más como adultos, pero eso no significa que lo sean, a veces pasa
lo contrario, como hemos visto en algunas áreas de su funcionamiento. Así que la gran pregunta realmente es esta: en la farama-
lla del torbellino hormonal, puberal, neurobiológico que define el
mundo de las niñas adolescentes, ¿qué puedes hacer para asegurarte de que ambos salgan vivos y de una pieza?

Afortunadamente, sí tengo al gunas respuestas, pero necesitaré otro capítulo.

DATOS RELEVANTES
DE LA ADOLESCENCIA

✓ Durante la adolescencia, su cerebro va a sufrir un importante recableado

✓ No es una línea recta: algunas veces parecerá bastante madura y otras veces se comportará como una niñita

✓ Durante estos tiempos, va a ser menos capaz de evaluar adecuadamente cosas como el riesgo, pero probablemente sienta que lo hace mejor que nunca

✓ Más que nada: recuerda a la loca tía Harriet

16

Cómo sobrevivir a tu hija adolescente

Ahora sí, vayamos a los pequeños detalles: ¿cómo sobrevives a tu hija adolescente?

Sólo tienes que aguantar

Una tarde, cuando acababa de terminar una conferencia para padres sobre los adolescentes, un hombre se me acercó mientras guardaba mis cosas. Parecía un policía. No sé qué tienen los policías pero casi siempre los puedes identificar. Resultó que era el sargento local y, para colmo de males, tenía dos hijas. Una tenía once y la otra quince. A la pequeña le iba bien, pero la más grande lo estaba volviendo completamente loco.

—Eso de la loca tía Harriet está bien —dijo—. Mi hija se volvió completamente loca. Es como si de la noche a la mañana se hubiera convertido en un demonio. Cuando era chica, era encantadora, pero ahora parece loca de atar. Lo único que tengo que hacer es abrir la boca y ella se suelta.

—A veces pueden ser un poco difíciles —acordé.

—En serio, a veces me pregunto si no le pasa algo malo. Parece que ya no piensa como una persona normal. A veces se porta como si tuviera siete años y a veces cree que tiene treinta y siete. Y si no se sale con la suya, o si el viento sopla raro, o si son esos días del mes, o cualquier maldita cosa, se vuelve loca.

—¿Y cómo lo manejas? —le pregunté.

—Para ser honesto, trato de mantener la cabeza agachada la mayor parte del tiempo. O sea, tenemos reglas y eso de a dónde tiene permiso para ir y a qué hora tiene que regresar, pero aparte de eso, sólo trato de dejarla en paz para que no se ponga como loca.

—Es comprensible —dije—, pero tienes que tener en mente todo eso de lo que estaba hablando. Las chicas necesitan a sus papás por todo tipo de razones.

Asintió.

—Sí, ya sé, pero... ya sabes.

—Lo sé, pero, en serio, tienes que aguantar.

—Es chistoso —dijo—, creo que hay más posibilidades de que mi hija adolescente me mate de un infarto o algo así que cualquiera de los idiotas que encierro en el trabajo.

Nos reímos, los dos totalmente éramos conscientes de que sólo era broma a medias.

La buena noticia es que en realidad es bastante fácil sobrevivir a tu hija adolescente, podríamos decir que mucho más fácil que la complicada biología de los capítulos anteriores. Una noticia aun mejor es que parece que también es así de fácil ser el tipo de papá que les da el mejor inicio de vida posible. Claro, las cosas son complicadas, pero eso no quiere decir que *tengan* que ser complicadas.

Es como manejar un carro, no tienes que conocer todos los detalles técnicos para hacerlo funcionar. Los niños son así. Lo que hice fue rascar la superficie de la psicología y la ciencia neuronal de la adolescencia: hay cosas científicas tan complicadas técnicamente que son más acrónimos que palabras reales. Sin embargo, ninguno de nosotros necesita entender la adolescencia a ese nivel, porque lo único que importa es saber manejar el asunto. No sé qué hace un alternador, ni siquiera cómo es, pero puedo manejar un tráiler en reversa por el camino más retorcido que haya. Ellas no tienen que saber todos los detalles de a dónde se dirigen, incluso cuando van de espaldas por un camino sinuoso.

Con ese espíritu, entonces, aquí están mis sugerencias para que lo hagas. No hay ciencia que lo respalde, es sólo lo que yo pienso. Nada más ni nada menos.

No huyas

Usualmente, la pubertad es cuando la mayoría de los papás sienten que es tiempo de retirarse tranquilamente a algún refugio para dedicarse a la ebanistería. Puede que uno no tuviera un interés previo por la ebanistería, pero de repente parece que es lo que más quisiera hacer en todo el mundo. Si solamente fuera por la insoportable certeza de que su niñita ya no es pequeña, ya sería bastante malo, pero también están los asuntos psicológicos. Por eso las bromas de papá ya no funcionan, y ella parece frustrada y enojada por mucho tiempo, a veces llora sin razón discernible, y a veces sin sentido. Quiere ser su propia dueña y trazar su propio curso, lo que no estaría tan mal si no tuviera once.

Corre, le susurra una vocecita desde algún lugar profundo. *Corre al refugio, cierra la puerta y construye armarios durante el tiempo que las cosas tarden en volver a la normalidad.*

Como le dije al amigable sargento de arriba, es perfectamente comprensible, pero, hagas lo que hagas, no escuches a esa astuta vocecita.

Lo raro es que, aunque tu hija empiece a actuar como si cada vez te necesitara menos y como si sus mundos fueran cada vez más diferentes, en realidad te necesita más que nunca. Quiere ser libre, pero también necesita saber que no lo es. Tiene que saber que es parte de algo más sólido que los ladrillos y el acero; tiene que saber que es parte de tu vida.

Siempre.

No importa que actúe como si quisiera que te fueras, no te dejes engañar. Tu trabajo simplemente es pasar por los ciclos de altibajos de su adolescencia con calma y determinación.

Tienes que estar ahí.

Algunas veces tienes que estar y ser gritón, a veces tienes que estar y ser callado; sólo asegúrate de estar ahí.

Asegúrate de que sepa que te interesa su vida

Es importante que estés interesado en su vida, pero es doblemente importante que ella sepa que estás interesado en su vida. Constantemente me sorprende y, tengo que decirlo, me entristece, escuchar a mujeres adultas que hablan de cómo sentían que sus papás no se interesaban en sus vidas mientras crecían. Muchas mujeres hablan de que sus papás las llevaban a algún lugar y luego las recogían, pero también dicen que no estaban realmente seguras de que se interesaran en ellas.

Ahora soy padre y, aunque tengo varones, pienso que casi todos los papás *están* interesados en las vidas de sus hijos; sólo creo que a veces no somos muy buenos *demostrándoselo*.

Tristemente, creo que es particularmente cierto en lo que concierne a padres e hijas, porque sus hijas a veces parecen tan extrañas, y se ofenden y se disgustan tan fácilmente, que muchos papás adoptan una postura de «si no digo nada, no le hago ningún daño». Seguro estos tipos *están* interesados, pero de una forma pasiva, como alguien puede interesarse por una mina terrestre, pero no necesariamente quiere ir a pisarla.

No seas uno de ellos. Asegúrate de que sabe que estás interesado en las altas y bajas de su vida. No te preocupes demasiado por cómo hacerlo sin que se enoje, porque es casi inevitable que la hagas enojar. Ya perdiste, así que relájate y no lo pienses demasiado.

Si te atoras, te daré la mejor pregunta para iniciar una conversación en la historia del mundo. El truco es que no la uses como una tarjeta de negocios en una convención, sino que la uses con la gravedad que la pregunta exige. Sólo hazla cuando tengas el tiempo para atesorar todas las extrañas y maravillosas cosas que van a salir.

La pregunta es: «¿Y cómo te fue?»

Demuéstrale que la quieres todos los días

Con el comienzo de la pubertad usualmente comienza la extrañeza hacia el afecto físico. Como lo hablamos en el capítulo 4, la extrañeza es inevitable, particularmente en un mundo en el que cada vez que prendes la televisión hay noticias de abuso sexual o una película para la televisión sobre el tema. ¿Recuerdas que el primer papá del que hablé en este libro dijo que lo más difícil para él era el asunto del «afecto físico»? ¿Aún debería abrazar a sus hijas? ¿Cuándo iban a ser demasiado grandes para sentarse en sus rodillas o acurrucarse con él en la cama?

En muchas formas el mundo se ha convertido en un lugar un poco paranoico y triste. Estamos tan absorbidos por las historias de abuso sexual y malicia que a veces es fácil olvidar que algunas cosas siguen siendo tan ciertas como siempre lo fueron. Los niños quieren sentirse amados, lo necesitan.

Y es muy importante que sepas que los niños conocen la diferencia entre amor y abuso. Es muy difícil que las dos cosas se confundan. Además de hablar con niños y familias, también he pasado

los últimos veinte años trabajando con abusadores sexuales y con
la gente de la que abusaron, y déjame decirte aquí y ahora que los
niños conocen la diferencia entre un abrazo y algo más oscuro.

Así que, ¿cuándo es demasiado grande para que la abraces y la
beses?

Lo dije al principio del libro y lo diré otra vez por si te saltaste
el capítulo 4: nunca.

Es inevitable que haya momentos durante su adolescencia en los
que quiera un poco más de espacio. Puede durar unos minutos o
puede durar unos meses. De cualquier modo, tienes que ser sensible a las señales que te dé y mantener el afecto físico a un nivel que
ella pueda soportar.

Si necesita que te retires, retírate. Sin embargo, eso no significa
que tengas que irte completamente. Aún hay muchas maneras de
demostrarle que la quieres.

- Díselo
- Ponle una nota en su almohada o en su silla favorita
- Hazle dibujos tontos y pónselos en su mochila
- Usa tecnologías como Twitter o Facebook para mandarle abrazos
  electrónicos, también ponle enlaces de videos tontos de Youtube
- Cómprale un poni (aunque obviamente es un poco extremo y
  probablemente querrás pensar con cuidado las implicaciones).
  Si no tienes espacio para un poni de verdad, puedes comprarle
  a un taxidermista un poni disecado, o uno de plástico

El mensaje es que es importante que ella sienta que la amas, así que
tienes que encontrar formas interesantes y divertidas de demostrarle
que tienes el tiempo, la energía y las ganas de hacerlo. No tienes que
hacerlo de tiempo completo o volverte loco y obsesivo, sólo haz un
esfuerzo.

Sé una roca

No hay duda de que algunas niñas se vuelven un poco locas durante sus años de adolescencia. Recuerdo que una vez una mamá me estaba contando de su propia adolescencia, decía que recordaba momentos en los que experimentaba olas intensas de lo que describía como «ira completamente injustificada». Nadie le había hecho nada en particular, simplemente se enojaba sin razón particular y necesitaba botárselo al mundo.

Esto es un poco difícil de comprender para muchos papás, porque nosotros somos seres bastante lógicos. La respuesta masculina usual es que si estás enojado, debe haber una razón, y por lo tanto debe haber un modo de arreglarlo. Después de todo, ¿quién querría estar enojado sin una razón particular? No tiene ningún sentido.

Desafortunadamente, en el panorama emocional de la chica adolescente, el enojo no necesita tener sentido, al menos no el tipo de sentido que tendría sentido para nosotros. No tiene que tener sentido para ella, e incluso eso como que tiene sentido para ella.

Frente a todo esto, muchos papás pueden sentirse confundidos. Cometen el error fundamental de tratar que algo que no tiene sentido convencional tenga sentido. Esta es una de las cosas más importantes que debes entender: tienes que ser una roca. Es importante aclarar que no tienes que ser la Roca, mejor conocido como Dwayne Johnson, exluchador de la WWF y estrella de *El rey escorpión*. Pocos de nosotros pueden aspirar a un físico tan musculoso, pero puedes ser la roca en la vida de tu hija.

Una roca, como característica definitoria, es generalmente muy sólida y puede resistir hasta el final. De hecho, sí duran hasta el final sin quejas ni comentarios. Uno no ve que las rocas protesten por el calentamiento global o por el precio del petróleo. He observado que no les importan un carajo todas las cosas por las que nosotros nos ponemos nerviosos. Las rocas saben lo que son, para qué están aquí y más que nada saben que todo pasa con el tiempo. Si le preguntaras a una roca cómo logra hacerlo, creo que dirían que todo se reduce a tres cosas:

- Paciencia
- Certeza
- Sentido del humor

Tu hija necesita que seas así. No tienes que comprender su humor todo el tiempo, y no tienes que entender las causas y las soluciones de todos los dramas que la rodean, pero *sí* tienes que tener paciencia casi ilimitada, una relativa certeza de que la mayoría de las cosas se resuelve con el tiempo y, sobre todo, con sentido del humor.

Ten tus límites claros y apégate a ellos

El trabajo de todos los niños es tratar de gobernar el mundo. No es su culpa y no es algo malo, simplemente es así. Justo esta mañana, mi propio hijo, después de que su madre acababa de decirle que se comiera al menos la mitad de las orillas del pan que había en su plato (¿qué pasa con los niños y las cortezas del pan?), echó tramposamente una parte bajo el plato cuando su mamá no lo veía y luego le preguntó si ya había comido lo suficiente. Yo lo vi todo, pero no lo delaté. Con toda honestidad, fue probablemente porque conozco sus motivos: nadie se quiere comer las orillas del pan.

El problema es que cuando tu hija llega a la adolescencia, probablemente va a querer más libertad y no necesariamente va a estar lista para manejarlo. Una vez más, no tiene nada de malo que quiera tanta libertad —es natural— pero está muy mal que tú se la des. Con lo que tienes que tener cuidado, sin embargo, es con lo increíblemente ingeniosa, y a veces convincente, que puede ser para ganarse estas libertades. Algunas formas como va a hacerlo pueden incluir las siguientes tácticas o ADM (Armas de Destrucción Masiva):

- Desgastarte insistiendo e insistiendo e insistiendo e insistiendo e insistiendo e insistiendo e insistiendo
- Amenazarte con escaparse o cualquier otra consecuencia igualmente drástica si dices que no
- Decirte que te odia para doblarte y que hagas lo que ella diga con tal de que te quiera otra vez
- Enojarse
- Ponerte en contra de su madre
- Tratar de hacerte sentir culpable
- Hacer como que le rompes el corazón cuando no la dejas ir a algún lado
- Aliarse con sus amigos en tu contra
- Pedirte algo bárbaro que no quiere (ir a una convención de tatuajes de pandillas) y después «conformarse» con lo que realmente quiere (ir a casa de su amiga)

Todas estas cosas las tienes que manejar igual: estableces claramente cuáles son tus límites y te mantienes en ellos. En el siguiente capítulo voy a ahondar en detalles acerca de cómo hacerlo, por ahora sólo tienes que pensar en tener tus límites bien claros y en apegarte a ellos. Como con todas las cosas, los límites cambiarán conforme se haga más grande (y ojalá que más lista), pero en cada etapa tienes que saber hasta dónde está marcada la línea y aferrarte a ella.

Recuerda a la loca tía Harriet

Hablamos de esto en el capítulo anterior, pero vale la pena que te repita que debes mantenerla muy presente conforme pasas los años de su adolescencia. Puede que tu hija parezca cada vez más una adulta, pero eso no significa que lo sea. Su cerebro está pasando por todo tipo de cambios, y si tú esperas que tenga las mismas capacidades de análisis y razonamiento que un adulto, te vas a quedar triste y decepcionado. Recuerda que es posible que ahora sea más emocional de lo que será una vez que todo se haya conectado exitosamente en la red. Tómatelo con seriedad, pero no con demasiada seriedad.

DATOS RELEVANTES DE
CÓMO SOBREVIVIR A TU HIJA ADOLESCENTE

✓ No huyas

✓ Asegúrate de que ella sepa que te interesa su vida

✓ Demuéstrale que la quieres todos los días

✓ Sé una roca

✓ Ten tus límites claros y apégate a ellos

✓ Recuerda a la loca tía Harriet

17

Control del comportamiento: el infierno no conoce furia como la de una chica adolescente

N O CABE DUDA de que tu peor enemigo durante esta etapa es el miedo. Es natural que los papás sean protectores con sus hijos, todos lo hacemos, pero creo que más los padres de chicas. No importa cuánto lo intentes, puede ser difícil sacarte la idea de que ella es una especie de flor delicada que necesita que la abrigues y la protejas. Es difícil cambiar toda una vida de condicionamiento cultural de la noche a la mañana.

El incremento de las mujeres en las fuerzas armadas y en la policía en todo el mundo indica que las chicas pueden defenderse, pero a los papás a veces les cuesta trabajo darse cuenta. Como ejemplo interesante, yo una vez vi a una mujer policía que demostró una técnica de cómo puedes matar a alguien con un sobre. No sé muy bien en qué momento necesitarías una técnica como esta —seguramente en una situación hostil en la oficina—, pero fue un muy buen ejemplo de cómo las chicas pueden hacer cualquier cosa.

Incluso matar gente con sobres.

El miedo es el enemigo porque te hace perder el control. Si cedes ante el miedo, te volverás rápidamente inefectivo, y ella tendrá más libertad de la que debe. Paradójicamente, es más probable que se meta en problemas si la dejas usar el miedo para mangonearte. Así es como empieza típicamente:

ELLA: Voy a salir en la noche.

TÚ: ¿Qué?

ELLA: Voy a salir en la noche.

TÚ: ¿A dónde?

ELLA: Con unos amigos.

TÚ: ¿Qué amigos?

ELLA: No los conoces.

TÚ: Bueno, ¿a dónde van a ir?

ELLA: Unos chicos de la escuela tienen una fiesta.

TÚ: ¿Qué chicos?

ELLA: No los conoces.

TÚ: ¿Cómo se llaman? ¿En dónde viven?

ELLA: No sé dónde viven. Julie me va a recoger en el camino.

TÚ: Bueno, no vas, a menos que sepa cómo se llaman esos mucha-chos y dónde viven.

ELLA: *Papá.*

TÚ: No. Quiero saber quiénes son y dónde es.

ELLA: No le voy a preguntar a eso Julie, va a pensar que soy una bebé.

TÚ: No me importa.

ELLA: *Papá. ¡No seas tan cerrado!*

TÚ: No soy cerrado, pero quiero saber.

ELLA: Bueno, *no* voy a preguntar y tú no puedes impedir que vaya.

TÚ: Sí puedo.

ELLA: ¿Cómo?

TÚ: (Pausa incómoda.)

ELLA: Voy a ir, no puedes detenerme.

TÚ: Entonces quiero que estés aquí a las once.

ELLA: *Papá, no puede ser. ¿A las once? ¿En viernes?*

TÚ: Ok, a medianoche, pero no más tarde.

ELLA: Lo intentaré.

TÚ: (algo débil) Sí, más te vale, jovencita.

Ese tipo de conversaciones entre padres e hijas se ha dado desde la Edad de Piedra. Ellas saben que te preocupas por ellas, así que usan la rutina clásica de «si tú no me dejas, me voy de todos modos». Cuentan con el hecho de que vas a estar tan desesperado por tenerla en casa que te conformarás con sus reglas, dado que las únicas opciones que ponen sobre la mesa son sus reglas o ninguna regla.

Pero eso ni siquiera es lo que quiere.

Lo que de verdad quiere

Imagínate un mundo sin reglas (y no, no estoy hablando del genial mundo zombi postapocalíptico con el que todos soñamos, sino del de todos los días sin reglas). Sería un zoológico. Aunque luchemos con las múltiples reglas que tenemos que observar en la vida, en líneas generales, las reglas sí hacen que el mundo sea un mejor lugar, o por lo menos hacen más fácil que lo soportemos.

Claro que hay reglas estúpidas —como en la ciudad en la que vivo, donde la gente de planeación urbana parece haber emprendido un ambicioso y loco plan para prohibir las vueltas a la derecha en toda la ciudad—, pero generalmente las reglas hacen la vida más vivible. Si no hubiera reglas, o simplemente pudiéramos elegir las que vamos a obedecer, las cosas se pondrían difíciles rápidamente. El simple hecho de cruzar la calle de repente se convertiría en un peligro de muertes azarosas e impredecibles. Comprar un café ya no sería tan sencillo, en vez de eso podría volverse frustrante y abundaría en injusticias.

—No te voy a servir —podría decir la persona detrás del mostrador.

—¿Por qué no? —preguntarías.

—Porque te ves raro. No me gusta la gente rara, así que no te voy a servir.

—¿Qué?

—Vete, cara de chango. Sal de mi café, rarito.

Nos quejamos mucho de las reglas y normas, pero sin ellas nuestras vidas serían mucho peores de lo que son con ellas. La civilización depende de las reglas. Sin ellas, la gente rara no puede comprar café y poco después empieza la anarquía.

Esto es algo que debes tener en mente cuando tu hija proteste contra las reglas. Puede que parezca que las odia, y puede que realmente las odie, pero odiaría mucho más que no existieran. Las reglas pueden impedir que haga cosas que a lo mejor quisiera hacer, pero también le dan razones para no hacer las cosas que no quiere hacer. Más importante aún, las reglas le dan una razón para no hacer las cosas que a lo mejor quisiera hacer, pero que sabe que no debería hacer.

Básicamente, las reglas son buenas, así que no te sientas presionado o apremiado a abandonarlas. Una de las cosas más importantes que puedes hacer por ella es asegurarte de que tengan reglas buenas, sólidas y acordadas en casa. Puede que no te lo agradezca ahora, pero lo hará después.

Reglas familiares

El truco de las reglas familiares es tener pocas y que sean simples, y apegarse a ellas. Si tienes que escribirlas para recordarlas, entonces tienes demasiadas. En cuanto empiezas a necesitar que las cosas se escriban, estás en el territorio de los abogados, y eso probablemente sea un poco exagerado para la mayoría de nosotros.

Como sugerencia, lo mejor es que sean entre tres y cinco reglas. También puedes tener en casa algunas reglas de vida generales, como las siguientes:

- Trata a la gente con respeto
- Haz los trabajos acordados en los tiempos acordados
- Respeta los espacios y las posesiones de los demás

Pero también puedes tener algunas reglas para las salidas

- Está en donde dices que vas a estar
- Regresa a casa a la hora acordada
- Si cambias los planes, llama a casa primero para ver si está bien

El truco es fácil y sencillo. Mientras más complicadas sean, también están más abiertas a interpretación. Si tienes cláusulas y subcláusulas, lo único que conseguirás será abrirle camino al debate. La cosa es que tienes que actuar sobre la base de *ad iudicium*, que es una forma elegante en latín de decir sentido común. Tienes que hacer de él la base del sistema judicial de tu casa. Ten tan pocas reglas como sea posible y después usa el *ad iudicium* como el principio guía para que esas reglas sean interpretadas y promulgadas.

Otro componente crucial de las reglas familiares con adolescentes es que tienen que negociarse. Si sólo impones un montón de reglas sin discutirlas, lo más probable es que quieran salir inmediatamente a romperlas. A algunos padres les preocupa tener que negociar las reglas con sus hijos. Temen que si dejan que los subordinados opinen en la creación de la ley les van a salir con un montón de leyes locas y completamente irracionales, pero la verdad es que no. La mayoría de los hijos piensa que las reglas que sus padres establecen son bastante razonables. La mayoría de las chicas de catorce años sabe que no es ni razonable ni realista que estén fuera de casa tan tarde como quieran.

Aparte de todo, de cualquier modo tendrás que ajustar las reglas conforme ella vaya creciendo. Una regla que es completamente razonable para una chica de doce años puede ser completamente irracional para una de diecisiete. La meta va a seguir cambiando, así que tienes que asegurarte de que las reglas familiares lo tomen en cuenta.

¿Qué vas a hacer al respecto?

En algún punto, ella te lo va a preguntar. Te lo preguntará en voz alta o lo pensará en su cabeza, de cualquier modo, lo va a preguntar. Todos los chicos preguntan eso. Esta pregunta marca una transición importante en sus vidas, y el inicio de lo que usualmente es la parte más turbia del ciclo de vida de una familia. Es turbia, porque en este punto, puede ser un poco confuso tratar de definir quién está al mando. Por un momento, nadie estará al mando, de verdad no. Por supuesto que habrá protestas y delegaciones, usualmente de ambas partes, pero no hay vuelta de hoja al hecho de que en algún punto la proporción de tu control declinará seriamente y ella aún no estará lista para asumir el cargo completo.

Si te diriges hacia su adolescencia y crees que de verdad puedes controlar los puntos de la siguiente lista, entonces estás actuando bajo un serio nivel de negación.

- Estudio
- Fumar cigarros
- Uso del alcohol y las drogas
- De quién se hace amiga
- Si tiene sexo o no
- Quién es su novio
- O quién es su novia, para el caso
- La música que escucha

- Cómo se viste
- A dónde va

Puedes tener influencia en todas esas cosas —en algunas más que en otras, obviamente— pero no puedes *controlar* ninguna. El tiempo en el que podías controlarla pasó hace mucho. La palabra en la que debes concentrarte ahora es *influencia*, porque es la única opción que te queda. Usualmente este es el problema más difícil con el que los padres luchan, y usualmente, es donde las cosas pueden ponerse catastróficamente mal. Si necesitas el control, casi seguramente fracasarás. Si de algún modo consigues controlarla, no vas a hacerle ningún favor: no necesita que la controles, necesita que influyas en ella.

Esto no significa que automáticamente seas relegado a un papel pasivo en su vida, porque ese también sería un error. Ella necesita que te involucres activamente en ayudarla a controlar su vida; sólo no cometas el error de pensar que puedes controlarla.

No puedes.

No seas su amigo

Esto es sumamente importante, porque no debes ser su amigo. Ella sólo tiene un papá y mientras que siempre puede hacer nuevos amigos, no puede hacer un nuevo papá. En mi experiencia, esto a veces es más complicado para las mamás. Algunas mamás cometen el error colosal de pensar que si hacen una relación con su hija que sea más similar a una amistad, entonces sus hijas más probablemente les hablarán de sus vidas.

Sí, claro.

Si intentas que tu hija sea tu amiga, le quitas el recurso más importante que tiene en el mundo: un padre. Los amigos por lo general están de acuerdo con lo que piensas, mientras que los padres se meten y dan las malas noticias. Los padres te regañan cuando lo necesitas; los amigos sólo se ríen.

Además, de cualquier modo nunca serás su amigo. Un padre que trata de ser amigo de su hijo es como si el niño más *nerd* de la escuela tratara de ser amigo del niño más buena onda de la escuela. Te usará para obtener lo que sea y luego se reirá de ti a tus espaldas.

Puede parecer que estás haciendo lo correcto tratando de ser su amigo, porque parecerá que estás «cerca». Incluso puede ser que evites muchos conflictos directos, lo que también dará la impresión completamente falsa de que las cosas van bien. En mi humilde opinión, sin embargo, siempre será una falsa impresión, porque la realidad es que ella va a ser amiga de sus amigos, y sólo será algo raro para ti.

No eres su amigo. Eres su papá.

Sí, sí, pero qué sí hago

Buena pregunta. Ya fue suficiente de todos estos antecedentes generales, montajes contextuales no especificados, vamos al meollo de cómo hacer la parte compleja de la crianza. Aunque es verdad que no puedes controlarla, puedes ser una poderosa influencia en su vida. La forma de hacerlo es construyendo una serie de expectativas a su alrededor y recompensarla si la consigue, pero tiene que pagar cuando no lo hace. Así funciona el mundo para todos, así que también para ella. El gobierno no puede controlarnos, pero puede hacer un montón de cosas para que pensemos nuestras opciones con cuidado y decidamos cómo queremos conducirnos.

Todo lo que necesitas es poner el contexto; ella tomará sus propias decisiones acerca de lo que hace. Es una distinción sutil, pero increíblemente importante. No puedes controlarla, pero sí controlas grandes partes del contexto en el que se mueve.

Aquí está en tres sencillos pasos:

1. **Ten tus límites claros y apégate a ellos:** Hablé de esto en el capítulo anterior, y es fundamentalmente importante que reflexiones en ello. Ella quiere límites, aun si no los quiere, así que pónselos. Aquí es donde entran las reglas familiares. Recuerda que esas reglas tienen que ser simples, deben basarse en el sentido común y deben ser negociadas y acordadas por todos.

2. **Cumple lo que dices:** El día que no cumplas con alguna consecuencia que habías prometido, será el día en que la anarquía empiece a moverse en un rincón. Si dijiste que algo iba a pasar, asegúrate de que pase.

3. **Sigue los dos pasos anteriores una y otra vez hasta que el mensaje sea recibido:** Lo único que necesitas es seguir esos dos pasos, pero dos pasos se ven chistosos, así que añadí este astuto tercer paso. Lo digo en serio, sin embargo: sigue haciendo los primeros dos pasos una y otra vez hasta que reciba cualquier mensaje que necesites que reciba.

Por supuesto que el gran problema con el que la mayoría de los padres se enfrenta es qué hacer si tu hija te reta. ¿Cómo la castigas?

«Castigo» se ha convertido en una palabra fuera de moda, pero eso no significa que ya no podamos usarla. Incluso, en lo referente a la crianza de los niños, deberíamos tratar de usar más las cosas que han caído en desuso en la modernidad, porque muchas son simplemente tontas. (Por ejemplo, ahora está mal visto usar a los niños como cargadores de pólvora en los barcos de la naval, porque la gente cree que no es seguro que los niños manejen pólvora y balas de cañón. Seguramente es mejor que los más pequeños vayan a buscar las balas, porque los adultos tienen más probabilidades de lastimarse la espalda.) El problema específico que el mundo moderno tiene con «castigo» es que ahora se supone que tenemos que ser amables todo el tiempo. El mundo moderno, la crianza sólo se trata de recompensar el buen comportamiento de los hijos y de «ayudarles a reflexionar sobre sus pobres decisiones» cuando se portan mal.

Para mí no es así, no. He pasado muchos años trabajando con niños realmente difíciles y en mi larga experiencia todo se trata de encontrar un balance adecuado entre la zanahoria y el palo. (Tan sólo el uso de esa metáfora puede hacer que algunas personas retrocedan con terror. Es sólo una metáfora, ansiosos, cálmense.)

Lo que quiero decir es que tienes que darles a tus hijos razones para ser buenos (incentivos y recompensas), pero también tienes que darles razones para no ser malos (castigos). Es simple sentido común, y también es así como funciona el mundo. Sin embargo, podrías plantear el convincente argumento de que a nosotros no nos recompensan por nuestro buen comportamiento, sólo nos castigan por el malo. ¿Qué pasa si te paran por ir a exceso de velocidad? ¿O si no pagas tus impuestos? ¿O si descargas un camión de mierda de caballo frente a la puerta de un político? No se ponen a hablar con nosotros sobre nuestras pobres elecciones: a nosotros o nos multan o, si fue muy malo, nos meten a la cárcel.

Ser punitivo no funciona, pero los castigos, sí. Ser punitivo es efectivamente ser sólo malo y controlador. Eso siempre termina mal. El castigo, por otro lado, simplemente les ayuda a relacionar la acción con la reacción. Si haces algo que sabes que no deberías hacer, la mayor parte de las veces las cosas no van a salir bien. Quiero que mis hijos sepan que no puede traer nada bueno el hacer cosas que saben que no pueden hacer.

Obviamente, habrá veces en las que querrás que rompan las reglas, particularmente si esas reglas son opresivas o injustas, pero las reglas que haces para ellos generalmente no implicarán ninguna injusticia moral o social, en cuyo caso, seguirlas será lo mejor para ellos.

Así que, ¿cómo lo haces?

Sigue leyendo.

La escalera de la condena inequívoca

Si has leído cualquiera de mis otros libros, ya te habrás topado con esto, así que siéntete libre de saltarte esta parte. Si no la has visto, entonces vale la pena que leas esta sección, porque es mi propia herramienta de control de comportamiento, que desarrollé hace años en un arranque de astucia e inspiración. Ha sido probada en hogares de todo el mundo, y la mayor parte de la gente cree que si se usa como se indica, puede resolver la mayoría de las enfermedades del comportamiento.

La razón por la que dije «la mayor parte» es porque algunas personas la odian. Sobre todo los pequeños, y la odian porque funciona. Como testimonio de la efectividad de esta técnica, hace un par de años recibí un poema de odio de una niña de diez años. Sus padres habían comenzado a usar la escalera y ella la odiaba, y quiso compartir en verso sus pensamientos conmigo.

Algo he de estar haciendo bien si recibo poemas de odio de niñas de diez años.

El único prerrequisito es que los niños deben ser lo suficientemente grandes como para comprender el concepto de tiempo, particularmente del tiempo que disminuye. Tienen que ser capaces de entender que cuando les quitas tiempo, se van a ir a acostar más temprano. Con chicas más grandes puedes sustituir que se vayan a la cama más temprano por alguna otra variable (por ejemplo, tiempo de toque de queda, tiempo de computadora, dinero, tiempo de teléfono).

Así es como funciona:

1. Dibuja una simple escalera en un pedazo de papel como se muestra. La escalera empieza en la hora a la que normalmente se acuesta tu hija y luego va bajando en peldaños de media hora hasta la hora en que regresa de la escuela. Con niñas más pequeñas, puedes hacer los peldaños de diez o quince minutos.

2. Pon la escalera en el refri, donde la pueda ver.

3. Pon un imán de refri en la parte de arriba de la escalera. El imán se convierte en la «bandera» que le dice a qué hora se va a ir a acostar. Cada niño tiene su propio imán o «bandera».

3:30 p.m.
4:00 p.m.
4:30 p.m.
5:00 p.m.
5:30 p.m.
6:00 p.m.
6:30 p.m.
7:00 p.m.
7:30 p.m.
8:00 p.m.

4. Cada día, la bandera empieza arriba de la escalera, a las 8:00 en este ejemplo.

5. Si hay un mal comportamiento, se baja la bandera un peldaño. Si el mal comportamiento no termina en un periodo de tiempo determinado (usualmente a la cuenta de 1-2-3), entonces la bandera se baja otro peldaño.

6. De igual modo, si le pides que haga algo en un periodo de tiempo determinado (medido con el cronómetro del microondas) y no lo hace, la bandera se baja un peldaño.

7. La bandera se sigue bajando hasta que tu petición sea acatada o la bandera llega al momento presente y, entonces, se va a la cama. Si la bandera llega a las 3:30 y son las 3:30, entonces se va a la cama.

8. **La siguiente parte es muy importante:** si ha *perdido* tiempo antes de su hora de acostarse, puede *conseguir* volver a *subir* los peldaños haciendo un *trabajo de retribución* (ver abajo).

9. Los días realmente buenos, en los que no haya perdido nada de tiempo, se recompensan con regalos especiales, así como las semanas realmente buenas. Tú debes decidir el número de días que considerarás para darle un premio semanal a tu hija. (Debe ser un

poco difícil, pero alcanzable, definitivamente. Puedes empezar con dos días e irlo subiendo conforme su comportamiento mejora.) De este modo, la escalera también funciona como tabla de premios.

Trabajos de retribución

Los trabajos de retribución son fundamentalmente importantes para el funcionamiento de la escalera, porque son el vehículo para salir de los ciclos negativos y volver a los positivos. El propósito de los trabajos de retribución es alentarla a que entre en un comportamiento positivo. Les doy algunos ejemplos de trabajos de retribución:

- Barrer la entrada de la casa
- Lavar los platos
- Tender la ropa limpia
- Arreglar su cuarto
- Aspirar
- Limpiar el baño
- Lavar el carro

Es importante que ella escoja el trabajo de retribución que va a hacer, porque la elección aumenta la posibilidad de complacencia. Sugiero que los padres tengan una caja de tarjetas entre las que los niños puedan escoger; cada una de las tarjetas con un trabajo de retribución y los pasos que el trabajo implica. Les doy un ejemplo en la siguiente ficha.

VACIAR EL ESCURRIDOR DE PLATOS
1. *Lavar todos los platos*
2. *Secar todo bien*
3. *Ponerlos en su lugar*
4. *Limpiar el escurridor*
5. *Secar el agua que quede en la encimera*

Si estableces los componentes exactos del trabajo, te ahorras un debate sobre si un trabajo está terminado o no. La tarjeta actúa como una lista objetiva de verificación: sólo tienes que ver la tarjeta, ver lo que ella hizo y la respuesta está clara. Si aún hay agua en la encimera, simplemente le dices: «Está bien, pero se te olvidó el paso 5. Avísame cuando lo hayas hecho y te dejaré subir la bandera.»

El tamaño del trabajo debe reflejarse en el tamaño de la retribución. Así que, por ejemplo, puede que suba dos peldaños (una hora) por limpiar su cuarto, y sólo un peldaño (media hora) por barrer la entrada de la casa. También dependerá de su edad. Cuando complete el trabajo de retribución asegúrate de echarle algunas flores para que se sienta bien por haber tomado la decisión de convertirse otra vez en un ser humano razonable.

¿Cómo usar la escalera con chicas más grandes?

Una vez que tengas el concepto de reducir el tiempo por inconformidades y aumentarlo cuando te retribuyan con algún trabajo, es más fácil ver cómo puedes usarla con chicas más grandes. Va a llegar un momento en el que sea un poco tonto mandarlas temprano a la cama (usualmente de los trece o catorce en adelante), así que tienes que sustituir que se vaya a la cama temprano por otra cosa.

Te doy algunas opciones de cosas que puedes usar:

- Tiempo de toque de queda
- Tiempo de computadora
- Tiempo de teléfono
- Dinero – «domingos»
- Ropa (se la quitas progresivamente para que no tenga muchas opciones de moda)
- La distancia que la llevas en carro a casa de sus amigas

Este es sólo el comienzo. Estoy seguro de que si te lo propones, encontrarás todo tipo de cosas que puedes aplicar a la escalera de la condena inequívoca.

¿Por qué funciona?

Yo creo que la escalera funciona por varias razones. Es una herramienta bastante complicada, pero tiene una estructura muy clara y fácil de comprender. Además, toda la responsabilidad recae en ellos y no en ti. No tienes que calmarla si está chillando y gritando; ella se calma. Todo lo que tú tienes que hacer es bajar la bandera de posición hasta que ella se calme. Esto es importante porque les enseña que tienen control sobre sus emociones y no al revés.

Sólo se trata de equilibrio

El truco con las chicas adolescentes es que todo se trata de equilibrio. No quieres darle demasiada libertad. Ella puede decir que eso es lo que quiere, pero no lo es, y de cualquier modo no es bueno para ella. Dicho esto, no quieres ser un loco del control que no le dé ninguna libertad. Si tú manejas cada aspecto de su vida y le dices qué hacer cada segundo del día, vas a terminar lastimándola.

Las chicas necesitan espacio, justo como los chicos. Nadie quiere que lo controlen y administren cada aspecto de su vida, y nadie quiere la anarquía. Tienes que estar en un terreno neutral razonable, pertinente y tienes que negociar.

Es también el mejor lugar para ella.

Encajando todo: Kara
(la chica del prefacio, ¿te acuerdas?)

Después de que aquel día, Kara salió de mi oficina en estampida melodramática, hablé un poco más con su mamá y su papá de cómo manejar las cosas de un modo distinto. Tristemente para ellos, componer a Kara no era posible, aunque felizmente se debía a que no estaba descompuesta. En realidad, estaba haciendo exactamente lo que cualquier chica de trece años debe hacer, aunque de una manera ligeramente grosera y ofensiva. Pero incluso sus groserías no eran excesivas. No todos los adolescentes son terribles, pero la mayoría es un poco como Kara: tiene sus momentos, pero son muy soportables. En su caso, les sugerí a sus padres unas cosas sencillas que podían ayudar a mejorar el asunto:

• Primero, tenían que pensar en que a ella le estaba cambiando la cabeza. Más que perder los estribos y pensar que su hija estaba presentando las advertencias tempranas de ser la asesina del hacha, tenían que entender la metáfora de la «loca tía Harriet» y lo del desarrollo cerebral que estaba detrás. En mi experiencia, una vez que tienes eso directamente enfrente, hace que algunos trastornos de la adolescencia parezcan un poco más comprensibles

• Después, tenían que poner en casa algunas reglas sencillas, particularmente reglas sobre cómo debían hablarse entre ellos

• Luego, tenían que aplicar algunas consecuencias (aunque en realidad yo quería decir castigos) si ella rompía las reglas. Decidieron usar la escalera y aplicar la disminución de tiempo en la computadora, lo que tenía un gran efecto porque ella era adicta a Bebo

• Por otro lado, mientras más razonable y más respetuosa fuera cuando hablara con ellos, estarían más abiertos a negociar un aumento de tiempo

• Peter también prometió tratar de pasar un poco más de tiempo con ella, en lugar de retirarse y hacerse a un lado por miedo a inquietarla

Los llamé un par de semanas después y, aunque las cosas no eran perfectas (y créanme, nunca lo son), la situación se había calmado mucho. Tanto Peter como Amanda se preocupaban menos de que Kara estuviera «fuera de control» y estaban dejando que ella tomara sus propias decisiones sobre si iba o no a apegarse a las reglas. Como siempre, una vez que se relajaron un poco, y definieron una mejor estructura, las cosas empezaron a acomodarse.

—Incluso hasta tuvimos un rato bastante agradable la semana pasada —me dijo Peter.

—Los milagros suceden —dije.

Aunque para ser honestos, este tipo de cosas no se trata tanto de milagros como de enderezar las cosas complicadas del día a día. Acción y reacción es todo lo que debes tener en mente.

DATOS RELEVANTES DE
CONTROL DE COMPORTAMIENTO

✓ A pesar de lo que ella diga, o cómo actúe, quiere reglas, límites y estructuras

✓ Las reglas familiares son importantes. Hazlas breves y claras

✓ No seas su amigo, sé su padre

✓ Utiliza herramientas como la escalera de la condena inequívoca

✓ Sólo se trata de equilibrio: ni demasiado apretado ni demasiado suelto

18

El semimito del sexo débil

N UNCA ME CREÍ ESO de que las mujeres fueran el sexo débil. Si uno escucha hablar a la comunidad femenina, pensaría que si las mujeres gobernaran el mundo sería un lugar más amable y gentil, en el que los trenes serían puntuales, no habría guerra y todos se sentirían amados y satisfechos.

Estupideces.

Margaret Tatcher gobernó un pedazo del mundo durante once años y en ese tiempo inició su propia guerra contra las Islas Malvinas —una serie de islas infértiles y barridas por el viento frente a la costa de Argentina— y encabezó uno de los experimentos más despiadados en el cambio económico y social del siglo xx. De hecho, un montón de gente de Gran Bretaña pensaba que Margaret Tatcher era despiadada en todo sentido y entre todas las palabras que he oído que se usen para describirla, no estaba «gentil».

Aunque no sólo es ella. Por ejemplo, si alguna vez te secuestran, tienes que rezar por que tus secuestradores sean hombres, porque si deciden matar a los rehenes simplemente explotarán el avión. Las mujeres secuestradoras tienden a llevar cajas de cosas que harán tu final mucho menos agradable.

La razón por la que no creo en lo del sexo débil es que realmente pienso que las mujeres son iguales a los hombres en todo sentido —incluyendo que si las mujeres estuvieran a cargo del mundo por tanto tiempo como lo han estado los hombres, creo que igualmente lo hubieran arruinado—. Quizá habría una o dos ligeras diferencias (como, por ejemplo, habría más baños para mujeres en los lugares públicos para que no tuvieran que hacer filas), pero en líneas generales creo que aún estaríamos en un mundo que se enfrentaría con todo tipo de conflictos, una crisis climática global y otros muchos enredos y cosas que hacer. No creo que todo fuera a ser poesía y armonía.

Pero seguramente es cierto que los hombres son más violentos que las mujeres.

Más o menos.

¿Cómo que más o menos?

Justo eso: más o menos.

Explícate.

Ok, pero necesito un subtítulo para hacerlo.

Haz lo que necesites.

Ciencia incómoda

No toda la ciencia es cómoda; incluso, algunas cosas de la ciencia nos inquietan indudablemente. Me imagino que hubo un silencio bastante incómodo cuando Galileo le dijo por primera vez al papa que, en realidad, nos movemos alrededor del sol, y no al revés. Esto le cayó como balde de agua helada al papa Urbano VII, quien, aunque suene como un tipo moderno, no lo era. Galileo lo repitió en un libro, aun cuando el papa le había advertido que se detuviera, y luego lo dijo una vez más a la inquisición romana durante un juicio papal que, logicamente, no salió bien para él. Fue considerado culpable de herejía y se le puso bajo arraigo domiciliario en 1634. En 1638 se quedó completamente ciego y sufrió de insomnio y de hernias. Finalmente, murió en 1642. ¿Quién lo puede culpar por eso?

Obviamente, espero que lo que voy a decir no resulte tan malo para mí. Evidentemente no quiero terminar encerrado en mi casa, ciego, con una hernia y sin poder dormir, pero algunas veces las cosas tienen que decirse, aunque nos hagan sentir un poco incómodos.

Verás, yo crecí como loquero a lo largo de los noventa, que fue un tiempo de corrección política terriblemente exagerada. Durante esos años, los hombres eran malos y las mujeres eran buenas, y ese era más o menos todo el análisis. Los hombres eran delincuentes o perpetradores y las mujeres eran víctimas. Decir cualquier otra cosa equivalía a la herejía. Fui a muchas conferencias en las que los hombres eran compelidos a «hacerse responsables de su violencia» y se decía que teníamos que hacerlo bajo el atento ojo de la comunidad femenina, que se aseguraría de que no nos escabulléramos para coludirnos con esos hombres violentos, como nuestra naturaleza hacía casi inevitable que hiciéramos. Tampoco eran sólo las mujeres las que decían esto; los propios hombres decían la mayor parte. Todo el asunto era como un acto de penitencia.

Así que crecí creyendo que realmente nosotros éramos los malos y que la violencia era un problema masculino. Imagina mi sorpresa cuando descubrí después que no lo era. ¿Cómo lo sabemos? Bueno, ¿recuerdan a nuestros viejos amigos de la Unidad de Investigación Multidisciplinaria de Salud y Desarrollo de la Universidad de Otago, en Dunedin? ¿Recuerdan el estudio que han hecho durante tresinta y siete años y que ha estado formado por el mismo grupo todo el tiempo?

En 1997, algunos de los investigadores, que trabajaban con los datos que han recolectado hasta el momento, publicaron un artículo científico sobre las diferencias de género en la violencia de pareja. Lo que encontraron fue lo más cercano a la herejía que se pueda encontrar (ver la tabla en la siguiente página).

Fue extraordinario; sin embargo, las políticas de la «violencia familiar» aún han ignorado bastante el asunto de la violencia femenina. Como que lo dejan de lado, murmuran que estas figuras eclipsan el asunto de que la mayor parte de la violencia femenina se comete en defensa propia, y que la violencia masculina es mucho más seria porque más mujeres son maltratadas por hombres. Curiosamente, el argumento parece ser que no debemos preocuparnos mucho por la violencia femenina porque es intrascendente. En los noventa, si hubiera dicho que parte de la violencia masculina era «intrascendente» me hubieran colgado, desangrado y descuartizado. Hubieran dicho que estaba coludido por decir esas cosas y hubieran tenido razón.

Tasa de violencia de pareja cometida por mujeres y hombres

	mujeres (%)	hombres (%)
agresión verbal	94,6	85,8
violencia física menor	35,8	21,8
violencia física severa	18,6	5,7
cualquier violencia física	37,2	21,8

Sin embargo, el problema con los científicos es que son una bola de latosos, y los buenos tienden a no dejar que pequeñas cosas como la política de género se entrometa en el camino de los hechos. Así fue como once años después, David Fergusson y sus colegas del Estudio de Salud y Desarrollo de Christchurch (CHDS por sus siglas en inglés) publicaron un artículo más sobre la violencia de los hombres y las mujeres en las relaciones íntimas. El CHDS comenzó en 1977 y había seguido a 1265 niños nacidos en un periodo de cuatro meses de ese año; inicialmente los siguieron anualmente y luego en periodos ligeramente más largos. ¿Y qué descubrieron?

- Hay violencia en 70% de las relaciones
- Los hombres y las mujeres reportaron niveles similares de perpetración y victimización
- El espectro de comportamientos violentos cometidos por hombres y mujeres es similar
- Tanto hombres como mujeres se involucran en actos serios de violencia física

Evidentemente lo que estos estudios nos dicen es que la violencia no es un «asunto de hombres», sino un «asunto de todos». Tanto los hombres como las mujeres incurren en la violencia en las relaciones íntimas, así que debemos tocar estos temas con nuestros hijos y con nuestras hijas. Curiosamente, el CHDS también produjo evidencias bastante buenas sobre los factores en los niños que pueden predecir comportamientos violentos en su vida posterior:

- Antecedentes familiares de múltiples privaciones sociales, económicas y otras relacionadas
- Tener padres que provienen de un medio desfavorecido
- Un cuidado de salud pobre cuando eran bebés
- Cambios múltiples de padres
- Prácticas de crianza de mierda
- Para las chicas en particular, los problemas de comportamiento en la infancia fueron factores de predicción más fuertes que en los niños

Una lista como esta debe ser alentadora para los padres que educan chicas, porque, aparte de tus antecedentes, puedes hacer algo para cada uno de los puntos. No podemos cambiar de dónde venimos, pero no tenemos que dejar que eso defina cómo criamos a nuestras hijas. Así que aparte de eso, todas las demás cosas están bajo tu control.

Lo que en mi opinión son buenas noticias.

¿Las chicas se están volviendo más violentas?

Es difícil no tener la impresión de que las chicas se están volviendo más violentas, porque cada semana vemos reportes en los medios que nos dicen que así es. Como alguien que se ha pasado la mejor parte de las últimas dos décadas trabajando en el frente de las juventudes ofensivas, seguramente parece que sí se están volviendo más violentas. Si uno ve la tendencia en la tasa de arrestos de chicas, encontrará que a lo largo de las últimas dos décadas ha habido aumentos sustanciales en el número de mujeres arrestadas por delitos violentos. Hay todo tipo de razones para que esto sea así, y es el tipo de cosas que los académicos y los investigadores pasarán quién sabe cuánto tiempo tratando de descubrir.

Desde mi punto de vista, la razón de este aumento en las tasas de delincuencia femenina probablemente refleje una combinación de factores, incluyendo que apenas empezamos a reconocer que las mujeres pueden ser violentas y que puede ser serio. Si buscamos, seguramente encontraremos. Es posible que la violencia femenina siempre haya estado ahí, pero sólo ahora estamos empezando a notarla y a hacerle frente con una base más de «la ley y el orden». Una consecuencia casi inevitable es que haya un poco de pánico moral en cuanto a la violencia femenina. Por un largo tiempo, las chicas estuvieron casi ausentes del debate sobre la delincuencia; ahora que hemos decidido incluirlas, existe el peligro de que se conviertan en «la orden del día», como suele acostumbrarse. El truco para todos esos «asuntos sociales» es mantenerlos balanceados, mantener los pies en la tierra y manejar lo que está frente a nosotros más que una versión de una nueva plaga de violencia de chicas.

Seguro, algunas chicas son violentas, como algunos muchachos, pero muchas otras son bastante agradables. En mi experiencia, todos los niños empiezan su vida siendo «bastante agradables», pero la vida a veces encuentra el modo de echarlos a perder. Nuestro trabajo como papás es hacer lo mejor que podamos para que ella aprenda que es mejor ser agradable que desagradable.

«Violencia intrascendente»

Hace muchos, muchos años, en una vida pasada, fui oficial de ambulancias voluntario. En ese entonces era estudiante y en un periodo durante mi carrera universitaria fui el «segundo al mando» en uno de los equipos que trabajaba el turno nocturno. Básicamente, en cada grupo había un paramédico entrenado y un voluntario. Los voluntarios usualmente pasábamos las cosas y ayudábamos a cargar las camillas, aunque cuando las cosas se ponían realmente alarmantes, había muchas más posibilidades de entrar en acción y ensuciar tus guantes de látex.

Una vez nos llamaron de una casa como a las 3:00 a. m. No puedo recordar la hora exacta, pero recuerdo que eran las primeras horas de la madrugada en las que se siente que el mundo desapareció y dejó detrás una concha vacía de sí mismo. La información inicial decía que un hombre había recibido una herida en la cabeza y que estaba sangrando profusamente. Resultó que así había sido. Lo encontramos desplomado en la sala de un pequeño departamento, con un trapo de cocina empapado de sangre apoyado contra la cabeza. Estaba vestido y obviamente había estado despierto por horas, al igual que su pareja, que merodeaba por ahí con apariencia preocupada, pero también muy encabronada. Ambos estaban en los últimos años de adolescencia o en los primeros veintitantos.

—¿Qué pasó, amigo? —preguntó el jefe de mi equipo, cuando se disponía a quitarle el trapo sangriento para inspeccionar la herida.

—Tuvimos una pequeña discusión —dijo—, y se nos salió un poco de las manos.

—Así parece. ¿Qué te pasó en la cabeza?

—Yo aventé un plato y le pegó accidentalmente —chilló ella detrás de nosotros.

Ella ciertamente se veía como una avienta-platos, sobre todo a esas horas.

—No es nada —dijo el tipo—. Sólo se salió un poco de control. Sólo fue un accidente estúpido.

—Tienes que ser más cuidadosa la próxima vez —dijo mi jefe mirando a la joven—. Pudiste haberlo lastimado gravemente.

—Sí, bueno, no debió haber estado *jodiendo* todo el día con lo mucho que odia a mi ex novio y nada *hubiera* pasado.

Me sorprendió lo rápido que se puso a la defensiva y sentí que mi propio pulso se aceleraba un poco; solamente me consoló el hecho de que no tuviera ningún plato al alcance de la mano.

—Está bien —dijo mi jefe, con un tono ensayado que era a la vez tranquilizante y autoritario—. Sólo vamos a llevarlo a urgencias para que lo revisen.

Ella vino con nosotros y se peleó con él todo el camino. La última vez que los vi, ella estaba sentada junto a su cama en urgencias mientras que el cirujano residente veía la herida. Todavía tenía una mirada enojada, hosca y malvada, y recuerdo que pensé que era muy feliz porque no me iba a ir a casa con alguien así. También recuerdo que a ella no le pasó nada. No hubo notificación a la policía, ni declaraciones ni nada.

Sólo le cosieron a él la cabeza y se fue a casa.

Sólo una discusión entre un tipo y su novia que se salió un poco de control. Si hubiera sido ella la que sangrara, estoy seguro de que a él lo hubieran reportado, incluso en ese entonces. Pero ella no era la víctima.

Era él.

Violencia intrascendente.

Moraleja de la historia

Lo que los padres y las hijas deberían sacar de esto con inteligencia es que tenemos que educar a nuestras hijas sobre cómo tener relaciones respetuosas con la gente, justo como hacemos con nuestros hijos. No se trata sólo de enseñarles que nadie tiene derecho a lastimarlas o intimidarlas, también se trata de enseñarles que no tienen derecho a hacerle eso a los demás.

DATOS RELEVANTES DE
EL SEMIMITO DEL SEXO DÉBIL

✓ Las investigaciones muestran que los hombres son generalmente más violentos que las mujeres *excepto* en las relaciones, donde las mujeres son tan violentas como los hombres

✓ Esto no es «defensa propia» o violencia intrascendente, sino violencia grave y significativa

✓ Así como le enseñas a tu hija que nunca debe tolerar intimidación o violencia, también debe entender que tampoco puede perpetrarlas

19

Imagen corporal y trastornos alimenticios: la extraña en el espejo

UNA DE LAS COSAS a la que no puedes escapar si tienes niñas es al asunto del atractivo, el peso y la comida. Para muchas mujeres, no sólo chicas, estas tres cuestiones son un telón de fondo constante en sus vidas. Se preocupan durante un gran porcentaje del tiempo, en cómo se ven y por las cosas que comen. Creo que es posible que haya algunas mujeres que se sientan cómodas como se ven, pero no sé en dónde están. Muchas mujeres se preocupan por tener panza, porque su trasero sea demasiado grande, porque sus muslos estén gordos o por combinaciones infinitas de esas cosas. A las mujeres, por regla general, no les gusta su cuerpo.

Lo que alimenta esto está allá afuera, en cada revista de moda, en cada programa de tv, en cada espectacular, en cada comentario. Como un desagradable siseo susurrándoles una y otra vez que la delgadez es hermosa, que la delgadez es la felicidad, que lo único que importa es la delgadez.

En el extremo de ese *continuum* es donde encontramos los trastornos alimenticios. Aunque los niños también pueden desarrollar trastornos alimenticios, el problema es mucho mayor en las niñas. En este punto de su vida hay cosas muy aterradoras, porque el impacto de los trastornos alimenticios en un cuerpo en desarrollo puede ser grave. Hay algunas buenas noticias, sin embargo, porque tras casi cuatro años de investigación existen indicadores bastante buenos de cómo podemos ayudar a nuestros hijos a resistir la penetrante influencia de estos trastornos y especialmente sobre el papel clave que los padres juegan en la vida de sus hijas.

También es importante que sepas que los primeros años de adolescencia (aproximadamente entre los once y los catorce años de edad) parecen ser un momento de riesgo alto para las niñas. Así que es fundamental que pienses en el tipo de mensajes al que tu hija está expuesta y, como veremos más adelante en este capítulo, es un momento clave para que te asegures de que su hogar le da tanto apoyo como sea posible.

Tipos de trastornos alimenticios

Sin embargo, antes de que entremos en ello, quiero empezar por exponer los tipos más comunes de trastornos alimenticios: anorexia nerviosa, bulimia nerviosa, trastornos alimenticios compulsivos y otros trastornos alimenticios no especificados (EDNOS por sus siglas en inglés).

Anorexia nerviosa

En la anorexia nerviosa la persona restringe severamente lo que come. Esto se debe tanto a un miedo intenso de engordar como a una imagen distorsionada del cuerpo. Las niñas que sufren anorexia no odian partes particulares de su cuerpo, sino que lo odian todo.

Los siguientes son signos y síntomas de anorexia nerviosa, aunque ten en cuenta que no todas las niñas experimentan los mismos síntomas:

- Saltarse comidas
- Hacer dietas constantemente

- Tener un miedo extremo a subir de peso
- Pensar que están gordas cuando en realidad están demasiado delgadas
- No querer comer con el resto de la familia
- Reducir severamente la cantidad y el tipo de comida que comen
- Mentir sobre lo que comieron
- Volverse extremadamente falsas en cuanto a las cantidades y los tipos de comida que comen
- Volverse muy ansiosas o inquietas y culpables durante e inmediatamente después de comer
- Desarrollar hábitos de alimentación extraños, como preferencias por los colores o las texturas de la comida, o comer con «cubiertos especiales» como una cucharita de té
- Cortar la comida en partes muy pequeñas o acomodar la comida de modo ritual
- Desarrollar patrones rígidos acerca de la comida, como comer sólo a determinadas horas o determinados tipos de comida
- Decir que no tienen hambre cuando sí tienen
- Concentrarse constantemente en el peso
- Apartarse socialmente o desinteresarse por actividades sociales o académicas
- Usar ropa holgada
- Ejercitarse excesivamente
- Perder peso significativamente
- Tener la piel seca o pálida
- Dejar de menstruar o tener periodos irregulares

Las chicas que sufren anorexia nerviosa tienen una imagen corporal considerablemente distorsionada. Se preocupan mucho por cómo se ven y constantemente desean estar más delgadas. Se pesan obsesivamente. Pueden ser malhumoradas, peleoneras y extremadamente sensibles a las críticas. Generalmente, estas chicas son muy rígidas e inflexibles en su manera de pensar y presentan tendencias perfeccionistas. Se sienten culpables por comer, tienen baja autoestima y también pueden sufrir depresión y decaimiento.

Bulimia nerviosa

En la bulimia nerviosa la persona se atasca periódicamente de comida como si estuviera fuera de control y luego lo compensa vomitando, muriéndose de hambre, ejercitándose excesivamente o usando laxantes. Las personas que sufren bulimia nerviosa pueden parecer confiadas y seguras de sí mismas, pero es sólo una fachada para cubrir un mundo interior dominado por la inseguridad y los sentimientos de pérdida de control.

Los siguientes son signos y síntomas de la bulimia nerviosa, aunque, una vez más, recuerda que una persona no tiene que presentar todos los síntomas necesariamente:

*   Saltarse comidas y no querer comer con la familia
*   Ponerse cada vez más inquieta después de comer, conforme crece su ansiedad y culpabilidad
*   Poner excusas para ir al baño inmediatamente después de comer (por ejemplo, para bañarse) e inducir el vómito
*   Atascarse (desaparecen grandes cantidades de comida o encontrarás envolturas de comida escondidas en su cuarto)
*   Gastar todo su dinero en comida o tomar dinero para pagar comida
*   Estar constantemente insatisfecha con su peso, con cómo se ve, y concentrada en las dietas
*   Quedarse despierta hasta tarde o despertarse a medianoche para poder atascarse sin que nadie la vea

- Ejercitarse excesivamente
- Estar decaída, apática y tener una visión pesimista de la vida
- Apartarse de actividades sociales y académicas
- Tener baja autoestima y ser demasiado sensible a las críticas

Con la bulimia nerviosa también puede haber síntomas físicos distintivos, producto de los atracones constantes y de las purgas:

- Dolor e inflamación del abdomen
- Hinchazón en las manos y los pies
- Hinchazón alrededor de la cara y la quijada
- Sentirse cansada, nauseabunda, sin aliento o mareada
- Tener problemas dentales por comer alimentos azucarados y vomitar constantemente
- Sangrado intestinal, también por vomitar constantemente

El gran problema de la bulimia nerviosa no es que las personas pierdan mucho peso, sino los efectos secundarios provenientes del ciclo de atracones y purgaciones. Atascarse de comida y después vomitar es muy malo para el cuerpo.

Comer compulsivamente

El fundamento de comer compulsivamente es esencialmente comer grandes cantidades de comida cuando no se tiene hambre. Puede ser de un atracón o pueden ser continuos refrigerios a lo largo del día. Esto tampoco es tan raro como se pensaría, algunos estudios muestran que uno de cada cinco adolescentes experimentaron una pérdida de control sobre la comida. Los siguientes son signos y síntomas de comer compulsivamente, aunque, otra vez, no todos tienen todos los síntomas:

- Atascarse de comida
- Comer aun cuando está completamante llena
- Comer mucho más rápido que lo usual
- Comer sola porque se siente avergonzada de lo mucho que come
- Comer mucho aunque no tenga hambre
- Sentir disgusto y vergüenza durante y después de comer demasiado
- Ganar peso excesivamente

La experiencia subyacente en muchas personas que sufren desorden de alimentación compulsiva es que la comida se usa como una forma de controlar sentimientos difíciles como la tristeza, el enojo, el miedo, la ansiedad o la depresión. La persona obtiene un breve respiro de esos sentimientos cuando come, pero solamente son temporales y usualmente vuelven renovados en muy poco tiempo.

Trastornos alimenticios no especificados (EDNOS)

Mientras que ha habido un aumento estable en la tasa de los trastornos alimenticios a lo largo de varias décadas, también se ha observado una reducción en la severidad de los síntomas. Esto ha llevado al desarrollo de una nueva categoría de trastornos alimenticios: los trastornos alimenticios no especificados (EDNOS). Estos son ahora los desórdenes alimenticios más diagnosticado entre los jóvenes y, a pesar de que las personas con EDNOS no presentan los signos y los síntomas necesarios para que les diagnostiquen los otros trastornos alimenticios, pueden tener las mismas dificultades. Sólo porque las niñas no tienen siempre todos los síntomas, no significa que no tengan todos los problemas.

¿Qué ocasiona los trastornos alimenticios?

Es una pregunta complicada. Como con otras muchas cosas de la vida, no parece haber una sola y simple explicación. Las investigaciones de los últimos cuarenta años esbozan un panorama bastante convincente en el que hay factores muy graves que pueden tener un impacto en el desarrollo de los trastornos alimenticios. La buena noticia es que tú también puedes tener un impacto en la mayoría de esas áreas. Efectivamente, parece que es una combinación entre los patrones de interacción familiares, factores personales, influencia de los medios o de la sociedad y comportamiento alimenticio.

No hay ninguna sorpresa, la verdad. Si piensas al respecto, es bastante obvio que sea una combinación de cómo funciona su familia, cómo se ve a sí misma, cómo impacta el mundo en ella y su relación con la comida lo que va a determinar qué tan problemáticos van a ser los trastornos alimenticios en su vida.

La buena noticia entre toda esta aterradora información es que también hay algunas sugerencias muy claras sobre cómo puedes construir a tu familia efectivamente para que tus hijos estén mejor protegidos si tienen que luchar contra trastornos alimenticios. Como con muchos de los asuntos a los que se enfrentan nuestras hijas, nosotros somos los más indicados para ayudarles a luchar con ellos.

El papá enojado que no estaba
enojado aunque sí lo estaba

Carly tenía quince, y se veía terrible. No soy doctor, pero ella
estaba evidentemente muy baja de peso para su edad y se veía
pálida y enfermiza. Por regla general, yo no trabajo con trastornos
alimenticios desarrollados. La razón es que usualmente se trata de
trabajo a largo plazo y es el tipo de cosa que es mejor que hagan
equipos multidisciplinarios en unidades especiales. Sin embrago,
trabajo con familias que están haciendo fila en la lista de espera
de una unidad especial, pero, incluso en ese caso, sólo si tienen
apoyo médico.

Carly estaba evidentemente en problemas y por las notas de refe-
rencia supe que los tenía desde hacía tiempo. Su primer ingreso a una
unidad de trastornos alimenticios fue cuando tenía trece, y actualmente estaba en lista de espera para el que sería su tercer ingreso.
Según su doctor, aún no estaba en el funesto final de la línea, pero
estaba tan cerca que daba miedo.

Vivía con su papá, y él siempre había tratado de lidiar con sus
dificultades alimenticias, incluso con su propio ingreso. En realidad
daba la impresión de que lidiaba con la mayor parte de las cosas de
su vida, y su hija sólo era una cosa más en la lista.

—Ya no sé qué hacer —dijo.

Me daba cuenta, pero también había algo más. Sonaba realmente
enojado y, conforme hablaba, parecía que Carly se hundía aun más en
la desesperación, y que su silla sólo la detenía parcialmente.

—¿Cómo puede estar tan enojado? —le pregunté.

—¿Enojado? —dijo con voz enojada—. No estoy enojado.

—Suenas enojado.

—¿Ah, sí? Pues, no es mi intención.

No le creí. Pensaba que su intención era sonar enojado, a pesar
de sus protestas. En todo caso, pensaba que era una señal muy

confusa para su hija, quien parecía que necesitaba claridad deses-peradamente en todos los niveles.

—Dices que no es tu intención sonar enojado, pero para mí sigues sonando enojado.

Frunció el ceño, su cara evidentemente había decidido seguir a su tono de voz.

—Pues no lo estoy.

—En realidad, yo creo que estás enojado ahora, muy claramente, pero ahora estás predominantemente enojado conmigo por decir que estás enojado todo el tiempo.

—Lo diré una-vez-más —dijo insistiendo en cada palabra—. No-estoy-enojado.

Aun si lo que estuviera en juego no hubiera sido tan importante, no lo hubiera dejado pasar, pero con la vida de su hija en la línea era segurísimo que no iba a dar marcha atrás.

—Mira, Tom, no estoy tratando de meterme contigo. En serio, no. Pero creo que *estás* enojado y por alguna razón no parece que quieras admitirlo aunque sea dolorosamente obvio para todos los demás. Así que el motivo por el que te estoy provocando es que pienso que tal vez una de las cosas con las que se enfrenta Carly es que en esta familia hay muchos sentimientos reprimidos sacudién-dose y un enorme desajuste entre las palabras y el comportamiento. Eso puede ser confuso para los niños y puede hacerlos sentir ansio-sos. Creo que estarás de acuerdo conmigo en que probablemente lo último que tu hija necesita sea tener que decodificar lo que real-mente estás diciendo.

Me miró durante un largo rato.

—Supongo que sí.

Era una pequeña admisión, pero estaba contento con eso.

—No me sorprendería que estuvieras enojado con Carly, porque probablemente estás muy preocupado por ella, y con frecuencia cuando los papás están preocupados lo sacan con un matiz de enojo.

Sin embargo, tu hija no necesita que estés enojado con ella. Necesita saber que estás de su lado y que te vas a quedar con ella cueste lo que cueste hasta que venza este problema.

—Ella ya sabe eso —dijo, aunque su tono seguía pareciendo molesto. Aún no estaba entendiendo lo que hacía y, aun peor, se estaba fijando más en cómo se sentía él mismo que en cómo se sentía *ella*. De repente empecé a comprender la falta de conexión que había entre ellos.

—Creo que hay un montón de historia aquí, y mucha preocupación de ambas partes, y sobre todo creo que todos están agachados detrás de sus propias paredes, esperando que el otro salga primero. Creo que lo que tenemos que hacer es resolver cómo salir de los búnkers y conocer al otro un poco más.

—¿Está diciendo que Carly no come por mi culpa?

Me encogí de hombros.

—No completamente. En mi experiencia, y por lo que sé de las investigaciones en esta área, es probable que sea una serie de cosas, pero sí creo que tu seas parte de eso, sí.

—Entonces, ¿es mi culpa?

—No, no todo. Tal vez ni siquiera una parte, pero eres su papá y si tú no puedes influir en ella, nadie podrá.

Él se detuvo por un momento, tratando de entender si lo que acababa de decirle era un halago o un insulto. Al final, no creo que estuviera seguro, así que se rindió.

—¿Entonces qué hago?

—Canta —dije levantando teatralmente los brazos.

—¿Qué? —masculló Tom, frunciendo el ceño.

—Nada, nada, sólo bromeaba. ¿Qué tal si hablamos un rato?

Carly soltó una risita.

Era un buen comienzo.

Familias en las que los trastornos
alimenticios son más posibles

Esta es una lista de los factores o dinámicas familiares que tienden a presentarse cuando los niños tienen trastornos alimenticios. No todos los factores tienen que estar presentes. En la mayoría de los casos se encontrarán algunos y otros no. Los investigadores aún discuten la medida exacta en que estos factores afectan en el desarrollo de los trastornos alimenticios, pero creo que es una suposición bastante extendida entre la gente inteligente que ha pasado las últimas cuatro décadas estudiando estas cosas, que no está bien tener familias en las que:

- Las niñas no tengan contacto con sus padres
- Los padres sean sobreprotectores y sobrecontroladores
- Los padres sean psicológicamente manipuladores (por ejemplo, les repiten constantemente sus errores del pasado o les dejan de hablar cuando hicieron algo para hacerlas sentir mal)
- Los padres crean un nivel de dependencia alto con sus hijos
- Hay bajos niveles de intimidad y afecto
- Las niñas sienten que sus padres no se interesan por ellas, o no tienen conexión con su vida diaria
- Se hace énfasis en la apariencia
- Hay altos niveles de estrés
- Hay altos niveles de conflictos entre los padres
- Hay altos niveles de conflictos entre los padres y los hijos
- Hay abuso emocional, sexual o físico

Ahora, ya sé que probablemente estén pensando: ¿qué significa exactamente «altos niveles de conflictos»? Los conflictos son, después de todo, bastante normales cuando tienes una adolescente viviendo en casa, o incluso un preadolescente. Así que, ¿cuánto es demasiado?

Desafortunadamente, no tengo una respuesta para esta pregunta. Nadie la tiene. Es posible que exista una compleja red de estos factores y que algunos de ellos ocasionen un trastorno alimenticio, mientras que otros sean el efecto de un trastorno alimenticio en la familia. Cualquiera que sea el caso, realmente no importa, lo que tienes que saber es que hay un montón de ciencia que dice que debes tener cuidado con esas cosas.

¿Qué puedes hacer?

Esto significa que hay cosas importantes que puedes hacer para proveer a tu hija del ambiente familiar que la prevendrá más probablemente de desarrollar este tipo de problemas:

- Priorizar el tiempo para hablar de su vida y de lo que le pasa. Asegúrate de que sepa que estás ahí y que te interesa
- Deshazte de las básculas
- Nunca la critiques o la molestes por su peso
- No hables de lo que te gusta de su apariencia, habla de lo que te gusta de su personalidad
- Ten cuidado con las revistas y los programas de televisión que tengas en casa, y recuerda que tienes que empezar a pensar en esas cosas desde que sea pequeña
- Construye una buena relación con su mamá, y muéstraselo todos los días
- Si tú y su mamá tienen conflictos todo el tiempo, arréglenlo lo más pronto que puedan. Busquen ayuda si lo necesitan.
- Hazla sentir querida demostrándole que la aman

- Hazle entender que la quieres por ser quien es. Ama a la que es, no a la que quisieras que fuera
- Dile que crees en ella
- Dale la libertad y la autonomía para tomar decisiones por ella misma, y apoya sus decisiones siempre que puedas
- Ayúdale a aprender a resolver los problemas en cuanto lleguen
- Mantén tan bajo como puedas el estrés en casa
- Aliéntala a hablar de sus sentimientos
- Si se siente ansiosa, o deprimida, o tiene problemas para sobre-llevar las cosas, habla con ella de esas cosas. Si te sientes muy preocupado, búscale ayuda apropiada y calificada
- Cuando tengan conflictos —y los tendrán—, asegúrate de que los resuelvan tan pronto como puedan. No puedes evitar tener conflictos con ella de vez en cuando, sólo asegúrate de que no sea todo el tiempo
- Fomenta la comida sana, no las dietas
- Coman en familia, en el comedor, sin tener la televisión de fondo

Como puedes ver, es importante que fomentes en tu hija un sentido de autonomía y aceptación. Mientras más aceptada y apoyada se sienta, es menos probable que desarrolle el tipo de problemas emocionales que la lleven a sobrellevarlos controlando lo que come.

También es muy importante que nunca la molestes por su peso, o que trates de regular o de controlar lo que come. En un estudio longitudinal en el que los investigadores siguieron a 216 recién naci-dos y a sus padres desde el nacimiento hasta los once años, las niñas cuyos padres trataron de regular su alimentación y su peso estaban en mayor riesgo de desarrollar un trastorno alimenticio.

Así que no lo hagas.

Nunca.

Otro descubrimiento importante va en contra de lo que podrías haber pensado. La mayoría de los papás cree que comentar qué «delgadas y horribles» se ven las modelos de televisión que parecen palos es bueno. La línea de razonamiento es que si tu hija sabe que piensas que la delgadez no es atractiva, entonces no va a sentir presión para bajar de peso. Curiosamente, los investigadores descubrieron que el grado en que los padres comentan la apariencia física de la gente de la televisión se asociaba con trastornos alimenticios, aunque el detonador es que el efecto se vio sin importar o a pesar de que los comentarios fueran positivos o negativos. Lo que sugiere que hablar demasiado de la apariencia, ya sea positiva o negativamente, puede causar problemas.

Así que trata de transmitirle que lo que importa no es la apariencia, sino quién eres. La forma en la que puedes hacerlo más efectivamente es que en lugar de comentar cómo se ve la gente en los medios, digas lo que piensas acerca de quiénes son como personas.

Si hubiera una regla de oro para proveer el mejor ambiente para «inmunizar» a tu hija contra el desarrollo de trastornos alimenticios y la preocupación de la delgadez y las dietas, parece que sería este: modela un estilo de vida y comida saludable, y enfila hacia bajos conflictos y alta aceptación.

Si haces eso, haces lo mejor que puedes.

Qué hacer si piensas que puede tener un problema

Si te preocupa que tu hija pueda tener un problema, la regla más importante es, como siempre, no entrar en pánico. Lo peor que puedes hacer es entrar como loco a resolverlo, así que tómate un momento y ponte en el lugar adecuado. Necesitas estar tranquilo, ser mesurado y considerado cuando hables con ella. Una vez que estés preparado correctamente, te sugiero lo siguiente:

- Sé directo
- Dile que estás preocupado por ella y describe cuáles son tus principales preocupaciones
- Escucha su respuesta, y sé comprensivo, empático y paciente. Ella también puede estar asustada
- No minimices sus miedos, o te enojes o disgustes
- Aprende tanto como puedas sobre los trastornos alimenticios. Hay montones de sitios y páginas informativas en Internet
- Si aún sigues preocupado, consigue ayuda profesional. Esta es un área especializada, así que asegúrate de que hables con alguien que trabaje en esta área y no con un asesor general. La mejor forma de empezar si estás completamente perdido es que llames al hospital, porque ellos deben remitirte al equipo especialista en el área

Mientras más sabemos de las causas probables de los trastornos alimenticios entre las mujeres jóvenes, también sabemos más acerca de cómo tratar a los pacientes. En la mayoría de los países desarrollados hay ahora centros de tratamiento especializado para jóvenes que sufren trastornos alimenticios, con opciones que van desde tratamientos para pacientes externos hasta internamiento en hospitales. La ayuda está ahí afuera: sólo necesitas estirar el brazo y encontrarla si la necesitas.

DATOS RELEVANTES DE
IMAGEN CORPORAL Y TRASTORNOS ALIMENTICIOS

✓ Las niñas pueden mostrar una preocupación malsana por la imagen corporal y el peso desde una edad muy temprana, pero los primeros años de adolescencia (once a catorce años) parecen ser un momento particular de riesgo

✓ Se supone que hablar de la apariencia (ya sea aprobatoria o críticamente) puede contribuir a los problemas de imagen corporal

✓ Conoce las posibles señales de advertencia de los trastornos alimenticios

✓ Lo más importante que debes comprender es que hay una serie de cosas que puedes hacer para crear un ambiente en el hogar que más probablemente prevendrá que tu hija desarrolle este tipo de problemas

✓ Si estás preocupado, habla con ella de tus preocupaciones y obtén ayuda profesional

20

Depresión, ansiedad y autoagresión

N O ES EL MÁS FELIZ DE LOS TÍTULOS, ¿verdad? Traté de buscar algo más animado y gracioso, pero es difícil ser animado y gracioso cuando hablas de depresión, ansiedad y autoagresión.

«¿Has oído el de la chica ansiosa, el de la chica deprimida y el de la chica que se cortaba a sí misma con navajas de rasurar?»

Es difícil encontrar un remate para ese chiste.

Así que más que tratar de ser animado y gracioso, pensé que en este tema debería ser directo.

Aunque los chicos también sufren de los tres problemas, las chicas tienden a experimentar mucho más las tres cosas. La razón puede ser que las chicas, por regla general, tienden a tener una visión más negativa de ellas mismas en términos de logros, autoestima y apariencia física que los chicos, lo que puede predisponerlas a este tipo de problemas.

Cualesquiera que sean las raíces que lo causan, lo que en realidad les importa a los padres de chicas es que las chicas parecen ser más propensas que los chicos a experimentar depresión o ansiedad, y a tratar deliberadamente de lastimarse a sí mismas.

Todo esto muestra claramente que tienes que saber sobre estas cosas.

Depresión y ansiedad

La depresión y la ansiedad son como las dos gemelas malvadas de la salud mental adolescente. Afectan a grandes cantidades de jóvenes, particularmente chicas, y con frecuencia aparecen juntas. Parece que el factor común de ambos diagnósticos es una tendencia subyacente a experimentar sentimientos negativos, que se expresan regularmente como sentimientos depresivos y ansiosos.

También parece que los primeros años de la adolescencia son un momento particularmente vulnerable para el comienzo de la depresión, pero la buena noticia es que, si se diagnostica tempranamente y se recibe la ayuda adecuada, las investigaciones indican que los adolescentes responden particularmente bien al tratamiento y el panorama a largo plazo es muy positivo. Es obvio que está bien conocer los signos y síntomas de la depresión para que, si notas que puede haber un problema, actúes rápidamente y hagas algo al respecto.

Los posibles signos de *depresión* en los adolescentes son:

* Sentimientos de tristeza o desesperanza
* Irritabilidad o enojo, en particular una sensibilidad extrema a las críticas
* Lágrimas o llantos frecuentes
* Pérdida de interés en las actividades
* Alejamiento de amigos o familiares
* Agitación e inquietud
* Falta de entusiasmo por la vida
* Fatiga
* Dificultad para concentrarse
* Cambios en los hábitos de sueño y alimentación

Los posibles signos de *ansiedad* en los adolescentes son:

* Ansiedad o estrés
* Evitar contactos sociales
* Evitar situaciones en los que estén «expuestos»
* Miedos específicos
* Ataques de pánico (aceleración del pulso, aumento de la respiración, sudoración, sentimientos de pánico)
* Cambios en los hábitos de sueño y alimentación
* Llanto o disgusto
* Irritabilidad

Como puedes ver, hay muchas coincidencias entre las dos, y en realidad no importa a qué lista creas tú que un signo corresponde. Lo único que importa es que te des cuenta y hagas algo al respecto. En un momento iremos a la parte de qué-debes-hacer. Por ahora, sin embargo, recuerda que aunque ninguno de estos síntomas sea definitivo, tienes que considerarlos focos rojos. Cuando los veas, estarás en lo correcto si pasas más tiempo verificando cómo está tu hija.

Autoagresión

Esto es algo aterrador para cualquier padre. Todos conocemos historias de padres que perdieron a sus hijos por suicidios, ya sea por experiencia directa o por los medios de comunicación, pero por cada muerte hay muchos más chicos que se implican en actos de autoagresión, desde cortarse o quemarse, hasta ingerir veneno. Como con la mayoría de las cosas, el conocimiento es poder, así que es fundamentalmente importante que entiendas lo que puede yacer bajo estos comportamientos.

Puede que no te sorprenda saber que ha habido muchas investigaciones sobre este asunto, y puede que te sorprenda incluso menos que el panorama parece ser complejo. No hay una línea recta de pensar las cosas a cometer actos de autoagresión, y parece que varios factores intervienen, y que las chicas parecen tener pensamientos de autoagresión y los llevan a cabo de formas muy distintas en la realidad.

La paradoja del género

La paradoja del género se refiere al hecho de que, aunque más chicas que chicos intentan suicidarse, mueren menos chicas que chicos. La razón es que los chicos tienden a utilizar métodos más letales, como envenenamiento con monóxido de carbono en autos, colgarse o armas de fuego. Las chicas tienden a usar métodos menos letales, como sobredosis de drogas.

¿Por qué los chicos se autoagreden?

En un gran estudio internacional, se le pidió a un total de 30 477 estudiantes entre catorce y diecesiete años de siete países (Australia, Bélgica, Inglaterra, Hungría, Irlanda, Holanda y Noruega) que llenara un cuestionario anónimo en el que se les preguntaba sobre comportamiento autoagresivo durante el último año y a lo largo de su vida. Los investigadores trataban de entender por qué los adolescentes se involucran en este tipo de comportamientos. Las razones más comúnmente reportadas fueron «querer aliviarse de un estado mental terrible» y «querer morir». Parece que los motivos subyacentes tendían a ser la búsqueda del dolor y la búsqueda de ayuda.

La mayoría de los adolescentes del estudio reportó al menos un motivo de búsqueda de dolor («para morir», «para castigarme a mí mismo» y «para aliviarme de un estado mental terrible») y un motivo de búsqueda de ayuda («para mostrarle a alguien lo desesperado que me sentía», «para espantar a alguien», «para vengarme de alguien», «para averiguar si alguien realmente me amaba» y «para llamar la atención de alguien»). Las chicas del estudio reportaban más razones que los chicos, y las chicas más grandes reportaron más razones de búsqueda de ayuda. Una posible explicación al hecho de que las chicas hayan reportado más razones que los chicos, puede ser que tienen una mayor necesidad de explicar lo que pasaba, y de comunicar su angustia, o posiblemente que tenían un entendimiento más complejo de sus motivos que los chicos.

En cualquier caso, lo que es importante que nosotros sepamos es que es evidente que este tipo de comportamientos reflejan algo más complejo que sólo la búsqueda de ayuda.

Factores de riesgo y señales de alerta

Es evidente que los chicos se guían por sentimientos muy poderosos, lo que nos lleva a la siguiente pregunta obvia: ¿qué produce exactamente esos sentimientos? ¿Por qué las chicas sienten que quieren lastimarse a sí mismas, o sienten que tienen que pedir ayuda a gritos? Parece que hay una serie de factores que ponen a los chicos en mayor riesgo de autoagresión. Sin embargo, cuando veas la lista, es importante que entiendas que sólo son factores de riesgo *posibles*. Nada es definitivo. Sólo son cosas que, si ella las experimenta, *pueden* exponerla a un mayor riesgo de tener pensamientos autoagresivos:

- Enfermedades psiquiátricas (como depresión)
- Desventajas socioeconómicas

- Abuso de sustancias (desinhiben y, en algunos casos —como el alcohol, por ejemplo— actúan como depresivos)
- Experiencias de abuso en la infancia
- Vivir en familias separadas
- Problemas mentales en los padres
- Conflictos con los padres
- Eventos de vida estresantes o traumáticos (como problemas en la escuela o término de relaciones)
- Habilidad pobre para resolver problemas
- Baja autoeficacia (la certeza de que puedes lograr las cosas)
- Tener muchos pensamientos negativos sobre sí mismo
- Tener muchos sentimientos negativos

Como todas las listas como esta, estos factores pueden ser un poco alarmantes. Lo que es importante que entiendas, sin embargo, es que estos factores no son prescriptivos. Sólo porque tu hija tenga una relación conflictiva con sus padres no significa que vaya a tener pensamientos de autoagresión. Lo único que significa es que va a tener un mayor riesgo de desarrollar este tipo de pensamientos y comportamientos. Recuerda también que lo que debes tener en mente cuando pienses en las «investigaciones» es que puede que sea útil conocer las tendencias generales, pero es más importante cómo le va realmente a *tu* hija. La buena noticia es que puedes hacer algo para resolver casi todos los puntos de la lista. Mira la lista otra vez.

¿Ves lo que quiero decir? Obviamente hay algunas cosas sobre las que no puedes tener impacto, como estar separado, pero las demás cosas están disponibles. Sobre todo lo demás, puedes tener influencia; tal vez no arreglarlas, pero influir, definitivamente sí. Volveremos a esto en un momento, primero veamos las señales de alerta.

Las siguientes son posibles señales de alerta de que un adolescente puede ser suicida. Toma en cuenta, sin embargo, que ninguna señal es definitiva, y muchas son normales en los adolescentes que suelen tener «altibajos» en los mejores momentos. La regla de oro es que confíes en tus instintos, y si estás preocupado pidas ayuda profesional. Las señales de alerta incluyen:

- Hablar o escribir sobre el suicidio
- Cambios en los hábitos de sueño o alimentación
- Cambio significativo del comportamiento
- Un repentino «mejoramiento» del humor depresivo (porque una vez que decidieron suicidarse, las personas usualmente experimentan un mejoramiento paradójico en su humor porque sienten que finalmente tienen una opción)
- Pérdida de interés en actividades que antes disfrutaban
- Alejamiento de los amigos y familiares
- Deshacerse de sus posesiones
- Eventos estresantes (como terminar una relación)
- Uso de alcohol y drogas
- Disculparse por su comportamiento
- Una vez más, ninguna de estas cosas por sí misma significa que tu hija sea suicida, pero son el tipo de cosas con las que debes tener cuidado y no ignorarlas si las ves

Qué hacer si estás preocupado

Hay una serie de cosas que puedes hacer si estás preocupado por tu hija. Puede ser que parezca deprimida, o puede haber empezado a mostrar alguna señal de la lista de alerta de arriba, o puede que hayas descubierto que se corta a sí misma deliberadamente o que se lastima de algún otro modo.

- Mantén la calma. Si entras en pánico, lo único que lograrás será enturbiar el agua
- Habla con ella de tus preocupaciones y sé directo. No seas tímido con el gran asunto: usa la palabra que empieza con «s» si eso es lo que te preocupa
- Pregúntale cosas, no la sermonees. Ella no necesita que la regañes; casi con toda seguridad necesita que escuches su explicación de cómo se siente y por qué
- Toma en serio sus preocupaciones. Puede que desde donde tú estás sentado no parezcan grandes problemas, pero las cosas pueden parecer muy diferentes cuando eres joven. Asegúrate de que ella sepa que lo tomas con seriedad
- Asegúrate de que sepa que estás ahí para ella, y que harás lo que sea necesario para ayudarla a ser feliz otra vez
- Haz el ambiente inmediato tan seguro como sea posible, quita cualquier cosa con la que pueda lastimarse o agredirse obviamente
- Si tienes dudas obtén ayuda profesional. Puede ser un psicólogo o un asesor, o incluso tu doctor familiar. Si no tienes idea de dónde buscar ayuda, sólo llama al hospital y seguramente te pondrán en contacto con las personas con las que tienes que hablar

Más que en cualquier otra ocasión, tienes que mantener la sangre fría. Hay pocos asuntos tan espantosos como este, pero tienes que mantener tus propias preocupaciones bajo control. Debes concentrarte en descubrir qué le está pasando a ella, y después hacer lo que sea para ayudarla a pisar tierra firme otra vez.

DATOS RELEVANTES DE
DEPRESIÓN, ANSIEDAD Y AUTOAGRESIÓN

✓ La depresión y la ansiedad afectan a una gran cantidad de jóvenes, particularmente mujeres jóvenes, y los primeros años de adolescencia son un momento particularmente vulnerable

✓ Los adolescentes que se autoagreden parecen guiarse por diferentes motivos, pero usualmente se centran en una «búsqueda de dolor» (morir, castigarse a sí mismos, aliviarse de un estado mental terrible) y una «búsqueda de ayuda» (para asustar a alguien, vengarse de alguien, descubrir si alguien realmente los ama, llamar la atención de alguien)

✓ Si estás preocupado, conoce las señales de alerta tempranas, habla con ella sobre tus preocupaciones y obtén ayuda profesional si la necesitas

21

La pesadilla de todos los padres: sexo, drogas y fiestas

AY UNA RAZÓN por la que a los padres de las chicas adolescentes no les gustan los novios: es porque nosotros fuimos uno. Nos acordamos de qué se sentía tener esa edad y en lo que pensábamos una tremenda cantidad de tiempo, por lo cual, no importa qué tan amable, educado, considerado y, en general, agradable pueda parecer, seguro enfoca casi toda su atención en tener suerte con tu hija. Tú lo sabes y él lo sabe. Nadie habla de eso porque sería demasiado incómodo, pero tú sabes en qué está pensando y qué está planeando y maquinando en general.

Pagan justos por pecadores.

La cosa es esta: ninguno de nosotros quiere que sus hijos tengan relaciones sexuales. Nunca. Simplemente no queremos. El problema es que esta es sólo otra de las partes de la crianza en la que lo que nosotros queremos y lo que ellos quieren son dos cosas diferentes. Ya pasaron los tiempos en los que, como Galileo, el famoso astrónomo italiano, simplemente podías meter a tus hijas en un convento. Galileo, realmente metió a sus dos hijas, Virginia y Livia, en un convento de Arcetri, y allí se quedaron por el resto de sus vidas. Así que a pesar de que, como dije antes, se enemistó con el papa por decir que la tierra giraba alrededor del sol y luego pasó la última parte de su vida bajo arresto domiciliario, con una hernia y completamente ciego, al menos no tuvo que preocuparse por los muchachos.

Oh, los buenos tiempos del siglo xvi, ¿no?

Al resto de nosotros, para quienes la vida conventual no es una opción, sólo nos queda superar el hecho de que nuestros hijos van a tener una vida sexual, y hacer lo mejor que podamos para ayudarlos a conducirse de forma responsable y sana.

¿Qué pronostica una actividad sexual más temprana?

Es evidente que muchos científicos tienen hijos, porque internacionalmente ha habido muchas investigaciones en torno a este asunto. Es probable que por eso aún no hayamos encontrado una cura para el cáncer, o para resolver el calentamiento global, todos los científicos están más interesados por descubrir los factores que más probablemente hagan que sus hijos comiencen con comportamientos sexuales. No es sorprendente que hayan encontrado algunas cosas que nos den en qué pensar. Un estudio escocés de 4379 adolescentes descubrió que los chicos que reportaron haber tenido relaciones sexuales más tempranas eran sobre todo mujeres que no vivían con ambos padres biológicos, que tenían más dinero para gastar, relaciones familiares pobres y que no estaban comprometidas con la escuela.

Aunque se pone aun más interesante, y se hace más relevante para ti, porque los investigadores también descubrieron que no era más importante la relación entre los padres y el adolescente que entre los padres entre ellos, pero un padre ausente incrementa el riesgo de que una chica comience un comportamiento sexual temprano. Aun más interesante es el hecho de que las chicas en particular parecen responder muy positivamente cuando sus padres están involucrados activamente en sus vidas y tienen familias en las que hay actividades familiares regulares, como comer juntos.

En resumidas cuentas, los papás pueden tener un *enorme* papel ayudando a sus hijas a manejar su sexualidad emergente.

Además de los conventos, ¿cuáles son las opciones?

Sólo una: habla con ella. No hay absolutamente ninguna manera de darle la vuelta a esto. Puedes pasar la plática básica sobre la pubertad dándole libros o endilgándosela a su mamá, pero tienes que hablar con ella de sexo. Simplemente tienes que hacerlo. Las investigaciones muestran claramente que las chicas que tienen una relación abierta y de apoyo con sus padres probablemente esperen más para tener relaciones sexuales y tengan prácticas sexuales saludables cuando lo hagan. Estos son mis consejos de cómo hacerlo.

- *Edúcate:* Asegúrate de conocer los hechos por ti mismo. Tienes que familiarizarte con los detalles para que no suenes como un idiota

- *No es cosa de una vez:* No es algo que haces una vez y lo tachas de la lista. Como tantas cosas importantes, tienes que volver a hablar al respecto tantas veces como ella lo necesite

- *El sexo es importante:* Es importante que ella entienda que el sexo es importante. No quieres que cree un complejo al respecto, pero necesita captar que el sexo es un gran paso y que no es algo que deba hacer sin pensarlo seriamente

- *Emociones fuertes:* Ella debe tener un modo de comprender las fuertes emociones que conlleva la atracción sexual. Es normal sentir esas cosas, pero también tiene que ser capaz de separarse de las emociones y pensar cuidadosamente en las decisiones que toma

- *No significa no:* Tienes que hablar con ella de situaciones riesgosas y qué puede hacer si alguien la presiona para tener sexo. Tiene que saber que tiene absolutamente todo el derecho a decir que no en cualquier escenario posible y que el chico tiene que respetarlo

- *Hazle preguntas:* Dale mucho espacio para decirte cómo se siente acerca de estas cosas. Es una conversación, no un sermón, y tienes que recordarlo si quieres que hable contigo acerca de lo que pasa en su vida

Tienes que tener en mente que si quieres que esté segura y sana, la mejor forma de conseguirlo es que la hagas sentir segura y bien consigo misma. No puedes arriesgarte a hacerte el desinteresado en esto. No puedes darle un par de folletos y dejarlo en sus manos. Si eres un papá soltero no tienes absolutamente ninguna otra opción, pero si vives con su mamá puede parecerte que lo mejor es dejarle esos asuntos de mujeres a ella.

Pero no es así.

Así que no lo hagas.

Alcohol y drogas

Sólo tienes que ver las noticias de la tarde para saber que el alcohol y las drogas son problemas crecientes. Aún peor, ve al centro de cualquier gran ciudad del mundo desarrollado alrededor de la medianoche de un sábado y verás cosas que te erizarán la piel. La policía recoge regularmente chicas tan completamente intoxicadas que ni siquiera saben en dónde están.

Y eso sin que siquiera nos metamos en el azote de drogas como las metanfetaminas, que parece que no conocen barreras sociales. Esas cosas se llevarían a chicos ricos y chicos pobres sin discriminación. Es una droga de oportunidades iguales porque le daría en la madre a cualquiera que sea lo suficientemente estúpido, o lo suficientemente ingenuo, para probarla.

Así que contra estos aterradores antecedentes, ¿qué puede hacer un pobre papá? Una vez más, como con tantos problemas complejos, la respuesta es bastante simple. Estos son mis consejos regulares para lidiar con el alcohol y las drogas.

- Háblale de las drogas cada vez que se presente la oportunidad (cuando vean algo en la televisión o en películas, o cuando lo lean en los periódicos). Obviamente no quieres hablar sin parar de estas cosas, pero si se presenta la oportunidad para hablar, tómala
- No te pongas a sermonearla, generalmente es contraproducente De todos modos, es bueno decirle cuáles son tus valores y creencias en relación con el uso de drogas
- Asegúrate de que lo que le digas sobre el alcohol y las drogas sea preciso. Y si no sabes, métete a Internet y averígualo
- Haz que te explique su punto de vista sobre el alcohol y las drogas.
- Ten conversaciones acerca de la presión de grupo y dale estrategias para lidiar con la presión (puede decir algo como «no puedo porque mi papá me hace antidopin»)
- Asegúrate de que entienda que, pase lo que pase, siempre puede pedirte consejos; es muy importante que lo sepa
- No te emborraches ni te drogues. ¿Cómo esperas que te tome en serio si te ve drogándote o emborrachándote? No lo hagas

Estos son algunos signos *posibles* de que tu hija consuma drogas. Ninguno es definitivo, así que no entres en pánico si, por ejemplo, llega a casa con los ojos rojos, porque puede que sólo esté cansada. De todos modos, hay algunas cosas a las que les debes poner atención:

- Drogas o parafernalia de drogas en ella o en su cuarto (si no sabes cómo son esas cosas, usa la búsqueda de imágenes de google y familiarízate con ellas)
- Olor a drogas (una trampa es abrazarla cuando regrese a casa de una fiesta, aunque recuerda que puede haber estado cerca de alguna droga, pero que no la haya usado)
- Ojos rojos, aunque algunos adolescentes usan gotas para mantener los ojos claros
- Mirada asombrada, dificultad para concentrarse o habla arrastrada
- Cambio repentino de humor o comportamiento
- Pérdida de interés en actividades que solía disfrutar
- Cambio repentino de amigos
- Deterioro en el rendimiento académico
- Llamadas por teléfono en secreto
- Pérdida de dinero u otras cosas en casa
- Reprobar un examen antidopin casero; ya están disponibles en Internet, para que los padres puedan poner a prueba a sus hijos para ver si dicen la verdad

¿Qué puedes hacer si sospechas que hay algún problema?

- No entres en pánico. Más que nada no entres en pánico, porque eso casi siempre acaba mal
- No entres echando tiros. Si haces esto, probablemente ella conteste haciéndose la indignada o poniéndose a la defensiva
- Elige un momento calmado y tranquilo en el que tengas más posibilidades de tener una conversación
- Sé directo sobre tus preocupaciones sin ser acusatorio
  - Bien: «*Sé que has estado fumando marihuana y tenemos que hablar de eso*»

- · No tan bien: «*Sé que te has estado drogando, así que no me mientas*»
- Escúchala, no sólo la sermonees. Es más probable que quiera hablar si cree que te interesa escuchar lo que tiene que decir
- Recuerda que tienes tantos derechos como ella. Principalmente, tienes el derecho a vivir en un hogar libre de drogas
- Si ella dice que no hay problema, pero tú crees que sí hay, pide ayuda. Los centros de tratamiento de alcohol y drogas están en la lista telefónica, y son un buen lugar para pedir información, consejo y apoyo

No hay un mejor remedio que el sentido común. En otro de mis libros *Before Your Teenagers Drive You Crazy, Read This!* (*Antes que tus adolescentes te vuelvan loco, ¡lee esto!*) hay un capítulo completo sobre el asunto del abuso de sustancias en los adolescentes.

Fiestas

Las fiestas son un momento estresante en la vida de los padres. Sin duda, tu hija va a querer ir y no hay nada que puedas hacer al respecto. Además, aun cuando pudieras hacer algo, no deberías. Estas primeras incursiones en el mundo social serán como ella aprenda algunas lecciones importantes sobre sí misma y el mundo. Este es el comienzo de su propia vida y tiene que salir y practicar.

El problema para nosotros, por supuesto, es que las fiestas son una fuente de terror abyecto. Cuando es más de medianoche y ella aún no llega a casa, no hay la más mínima posibilidad de que te duermas. Te dirás a ti mismo una y otra vez que todo está bien mientras estás acostado, atado más fuerte que la cola de un mono, escuchando intensamente el ruido de un coche que se acerca, o el sonido más tranquilizador del mundo: el sonido de una llave en la puerta.

En lo concerniente a las fiestas, creo que las mejores reglas para fiestas con las que me he topado me las dijo un policía de protección juvenil. Es un tipo muy sensible que ha trabajado en todas las áreas de la policía, incluyendo la protección del primer ministro en un punto de equipo de protección diplomática y en el equipo de delincuentes armados. Era un hombre con los pies bien puestos en la tierra, y totalmente capaz en todos los sentidos posibles. Estas eran las reglas que usaba con sus hijos, y ahora las comparto contigo:

1. Si vas a una fiesta, tengo que saber de quién y en dónde es
2. Yo te dejo a una cuadra de la casa para que tus amigos no tengan que verte bajar del coche de tu papá
3. Puedes llevar un *six* de cerveza, y eso es todo lo que puedes beber.
4. Nada de drogas. En lo absoluto. Nunca
5. A la hora acordada me estacionaré en el mismo lugar, a una cuadra de la casa, y te encontrarás conmigo ahí para que nadie tenga que verte subir a mi coche
6. Si no llegas ahí a tiempo, me estacionaré enfrente de la casa, prenderé las intermitentes, y entraré en la casa haciendo más escándalo del que jamás hayas soñado. Te encontraré, y te escoltaré a mi carro enfrente de todos tus amigos
7. Apégate a las reglas y no tendremos problemas, y vas a ir a un montón de fiestas
8. Rompe las reglas y será el fin de las fiestas por algún tiempo

Nunca tuvo problemas con sus hijos en las fiestas, y no me sorprende. Yo creo que estas reglas son geniales. Dejan mucho espacio para que los chicos salgan a divertirse, pero tienen la estructura suficiente como para que no salgan a hacer lo que quieran. Con seguridad, siempre van a haber situaciones inesperadas que no puedes planear, pero desde mi punto de vista estas reglas son del tipo de las que debes usar para dejar que tus hijos salgan y hagan lo que los adolescentes hacen, y al mismo tiempo pones una estructura completa en torno a ello para que no salgan a lo loco a hacer las cosas que hacen los adolescentes.

Ten una palabra clave de emergencia

Otra cosa útil es una palabra clave de emergencia, que sólo tú y ella deben saber, que ella pueda usar si siente que está en apuros y necesita que alguien vaya a recogerla. Algunas veces sale con sus amigos y ellos quieren ir a algún lado que ella cree que no es seguro. En esa situación puede ser difícil para ella zafarse sin que sus amigos piensen que actúa como una bebé. Si puede llamarte con el pretexto de que tiene que avisar que está bien a determinada hora e introduce la palabra o frase secreta (como el nombre del gato o preguntar si la luz de su cuarto está apagada), entonces puedes decirle que tiene que volver a casa en ese mismo instante y que vas a recogerla. Esto la deja bien con sus amigos y la lleva a casa, donde está a salvo.

DATOS RELEVANTE DE
SEXO, DROGAS Y FIESTAS

✓ Si eres parte de su vida y hablas con ella sobre sexo, es más probable que espere un poco más antes de ser activa sexualmente, y que practique el sexo seguro cuando lo haga

✓ Esto significa que tienes que hablar de sexo con ella, y no sólo una vez, sino durante todo el viaje

✓ El alcohol y las drogas están en todas partes, así que va a convivir con ellos

✓ Edúcate sobre el tema, y háblale de eso

✓ Las fiestas también son parte de la vida, así que establece algunas reglas y expectativas claras

✓ Tengan una palabra clave de emergencia que ella pueda usar si necesita que la recojas

22

Chicas malas

YA HABLAMOS del estudio multidisciplinario de salud y desarrollo de Dunedin, ¿te acuerdas? Era ese en el que habían pasado treinta y siete años siguiendo a 1037 personas a lo largo de sus vidas para ver qué pasaba en el camino. Hubo un par de cosas que dejé fuera. La primera es que si vas a visitarlos —están apretujados entre la Escuela Dental y el Departamento de Zoología, en un pequeño edificio de dos pisos que parece extrañamente insulso considerando la magnitud del proyecto que los ha tenido ocupados durante las últimas cuatro décadas—, tienes que ir a un pequeño café que está justo enfrente, en la calle Cumberland, de un solo sentido.

Hacen unos panes realmente buenos.

La segunda cosa, ligeramente más relevante, es que entre todas las facetas diferentes del desarrollo humano que se han estudiado, una es el comportamiento criminal y delictivo que alcanzan las mujeres. En 2001, unos investigadores publicaron un libro llamado *Sex Differences in Antisocial Behaviour (Diferencias de sexo en el comportamiento antisocial)*, que resumía claramente lo que habían averiguado hasta el momento. Para gente como yo, que pasa mucho tiempo con chicos que cometen delitos y que se meten en problemas, es una lectura fascinante y provee una ventana verdaderamente única hacia el mundo de la delincuencia adolescente.

Por otro lado, es un poco científico, con gráficas y estadísticas, así que, para facilitarte las cosas, resumí aquí los descubrimientos más importantes, porque leer los artículos de investigación es un poco pesado, incluso para la gente que disfruta ese tipo de cosas. No cubrí todo lo que descubrieron, porque no todo es relevante para la crianza, pero hay algunas cosas que son directamente relevantes y creo que conocerlas es muy útil.

Como este es un libro para papás, voy a presentar los hallazgos de la investigación refiriéndome a preguntas importantes que podrías tener y contestándolas con puntos clave. Sé que los puntos clave pueden ser un poco fastidiosos cuando son demasiados, pero había muchas cosas interesantes y no quería dejar nada fuera.

¿Hay diferencias sexuales en los niveles de comportamiento antisocial?

- Un grupo muy pequeño de chicas comete la mayoría de los delitos femeninos
- La delincuencia femenina generalmente es menos antisocial, por eso se meten en menos problemas con las autoridades que los chicos
- Tanto las chicas como los chicos son muy similares en los delitos relacionados con drogas y alcohol
- El comportamiento antisocial de hombres y mujeres es muy similar alrededor de los quince años; después, los delitos cometidos por los hombres se vuelven más serios
- A lo largo de la vida, más chicos fueron diagnosticados de tener serios problemas de comportamiento que chicas, *excepto* durante la adolescencia muy temprana, en la que aumenta la incidencia de problemas serios de comportamiento en las chicas, lo que reduce la brecha más que en cualquier otro momento
- El hecho de que las chicas parezcan físicamente mayores puede influir en que tengan un comportamiento antisocial, ya que

pueden creer, ella o chicos mayores, que está lista para unirse a ellos en sus comportamientos antisociales

¿Hay diferencias sexuales en la violencia física y el abuso de pareja?

- Las chicas son menos violentas físicamente que los chicos a cualquier edad y en cualquier contexto, excepto...
  - Las chicas empatan o exceden a los hombres en lo que toca a la violencia contra parejas íntimas
  - Como hablamos antes en el capítulo 18, estos actos violentos son serios y no son simplemente actos violentos cometidos en defensa propia

¿Cuándo comienza el comportamiento antisocial?

- Los cálculos de la edad de comienzo varían ampliamente entre diferentes estudios
- Lo que sabemos es que el comportamiento antisocial comienza típicamente entre tres y cinco años antes de la primera condena
- Empezar un comportamiento antisocial en la madurez es extremadamente raro

¿Las chicas son vulnerables a los mismos factores de riesgo que los chicos?

- Los comportamientos antisociales de las chicas y los chicos se predicen por los mismos tipos de factores de riesgo

- Los factores de riesgo incluyen problemas familiares, menor inteligencia, hiperactividad y un bajo autocontrol
- Las chicas generalmente parecen experimentar menos factores de riesgo que los chicos y en particular tienen un índice más bajo en hiperactividad, problemas de presión social y el tipo de problemas neurológicos que predicen un comportamiento antisocial

¿Las diferencias de personalidad pueden explicar el menor índice de comportamiento antisocial en las chicas?

- Parece que sí
- Los rasgos específicos de la personalidad (por ejemplo, sentimientos negativos o bajo autocontrol) están asociados con el comportamiento antisocial tanto en chicos como en chicas
- Las chicas tienen mucho menos estos rasgos, y parece ser que por eso se involucran menos en comportamientos antisociales

¿Qué impacto tienen otros problemas de salud mental en el comportamiento antisocial?

- 90% de los caso, los jóvenes tienen problemas de comportamiento serios, hay un problema coexistente como ansiedad, depresión, abuso de sustancias, desorden de déficit de atención o dificultad para leer
- Las chicas y los chicos son muy similares en este aspecto
- La única diferencia parece ser que en las chicas la depresión parece *seguir* a los problemas de comportamiento serios más que precederlos

¿Qué efectos tiene el comportamiento antisocial de los adolescentes en su vida adulta?

- Tanto para los chicos como para las chicas, las consecuencias a largo plazo de un comportamiento antisocial persistente pueden ser serias, aunque sus efectos varían ligeramente
- Los hombres jóvenes tienden a tener problemas en el trabajo, con abuso de sustancias y con la ley
- Las mujeres jóvenes tienden a tener problemas con relaciones, depresión, autoagresión y mala salud física

¿Hay alguna relación entre terminar con los novios y el comportamiento antisocial?

- Las chicas con una historia antisocial se involucran más probablemente con chicos que están en malos pasos
- También tienen más probabilidades de relacionarse con chicos que tienen poca educación, que leen poco y que son violentos con ellas
- Las chicas antisociales, al reunirse con chicos antisociales, tienen más probabilidades de tener bebés a una edad más temprana
- Una de las claves decisorias de si una chica continúa un comportamiento antisocial en la adultez es con quién forme una relación. Los chicos malos llevan a más problemas, y los chicos buenos logran finales más felices
- El problema es que las chicas malas se meten en círculos viciosos en los que involucrarse con chicos malos es el resultado más probable

¿Cuántas cambian y cuántas siguen así?

• La buena noticia es que la vasta mayoría de chicas (99%) deja el comportamiento antisocial después de la adolescencia.
• Sólo una entre cien continuará con un comportamiento antisocial después de la adolescencia. Fiiuuu.

Hay muchas cosas que tomar de esto, así que tal vez tengas que leerlo un par de veces. El mensaje principal para los padres de hijas es que hay muchas buenas noticias. Mientras que el impacto de los comportamientos antisociales es tan malo para las chicas como para los chicos —aunque de formas ligeramente diferentes— parece que las chicas se enredan mucho menos en un comportamiento antisocial y generalmente se meten en muchos menos problemas. No sólo eso, el punto más grande, mejor y más esperanzador de todos es que 99% de las chicas lo dejan atrás cuando entran en la adultez.

Lo dije antes, y lo repetiré: Fiiuuu.

Qué hacer si tu hija se mete en problemas

Ahora, a pesar de que las chicas ocasionen probablemente menos problemas que las metan en conflicto con las autoridades, a veces se meten en ellos. Recuerda que su cerebro aún es una obra en proceso, y algunas veces pueden tomar decisiones que parezcan simplemente... bueno... tontas. Así pasa. Lo importante es que te asegures de que, cuando pase, hagas lo correcto. Yo he trabajado con delincuentes jóvenes durante mucho tiempo, de todo tipo, desde ladrones de tiendas hasta asesinos, y a lo largo de ese tiempo creo que he desarrollado una buena idea de lo que debes hacer y, igualmente importante, de lo que no debes hacer.

Para lo que valga, esta es mi pequeña contribución de la mejor forma de responder cuando tu hija meta la pata.

- No entres en pánico
- Esto es importante, porque cuando el material de deshecho proverbial llegue al sistema de aire acondicionado lo que más vas a necesitar es sangre fría. Tienes que detenerte, respirar y pensar antes de decidir qué hacer después.
- No te enojes demasiado
- Te vas a enojar, eso seguro, incluso, yo recomiendo que te enojes, sólo no te enojes demasiado. Tienes que enojarte aunque sea un poco para que ella sepa que es importante, y que desapruebas lo que haya hecho. Lo último que querrás es que piense que no te importa. Así que enójate, pero no te pongas hecho una furia. Como guía, sugiero el enojo de Barcak Obama (tranquilo, mesurado y concentrado), y no el enojo de Georg W. Bush (loco, irreflexivo, rabioso, listo para ir a invadir países al azar sin haberlo pensado seriamente).
- Deja que sienta las consecuencias completamente
- No debes protegerla de las consecuencias de sus actos. No llegues a salvarla, y no pagues fianza para sacarla. No quieres ser un padre que abogue por consecuencias más ligeras cuando ella hizo algo mal. Aprendemos cuando sentimos las consecuencias de nuestras malas decisiones, así que no le quites la oportunidad de aprender de sus errores.
- Busca un abogado prudente, no un abogado astuto
- Si estás en el punto en el que necesitas conseguir un abogado, sé cuidadoso al escogerlo. Hay algunos abogados jóvenes muy buenos por ahí, pero también hay algunos de la mierda. Recuerda que lo que los abogados quieren primordialmente es liberar a sus clientes. Es su trabajo. Sin embargo, la definición de un abogado de «ganar» y lo que es mejor para tu hija pueden ser dos cosas

diferentes. Dejarla libre con algún detalle técnico no es ganar,
sino la peor manera de perder
- Modela el respeto
- Siempre debes modelar el respeto por el sistema. Nunca insul-
  tes a las figuras de autoridad enfrente de ella. Nunca. No critiques a sus maestros, a su escuela, a la policía, a las cortes. Estas
  personas e instituciones son frecuentemente lo único que hay
  entre nosotros y el caos
- La compasión es buena, la compasión idiota no tanto
- El término «compasión idiota» fue acuñado por primera vez por
  el monje budista Trungpa Rinpoche. Hizo el acertado comentario de que mientras es algo muy bueno sentir compasión por la
  gente, especialmente por la gente que comete errores, no es bueno
  sentir compasión por la gente que comete los mismos errores una
  y otra vez. Eso no es compasión, es compasión idiota. Debes sentir
  compasión por tu hija cuando cometa errores, mientras más mejor,
  pero si sigue cometiendo el mismo error una y otra vez e ignora o
  rechaza a los que le ofrecen ayuda, entonces debes asegurarte de
  que no la bañes de compasión idiota

Problemas los tenemos todos, y la mayoría de nosotros también se
metió en problemas cuando era joven. Con frecuencia no te propones ocasionar problemas, simplemente pasan. Así que no tienes que
preocuparte por lo que pasó. Lo hecho, hecho está. Lo que de verdad
importa es cómo respondas tú. No se trata de qué hizo tanto como
de qué harás tú después.

Aprender de los errores de los demás

Soy un gran creyente de los errores, porque generalmente he aprendido mucho más de ellos que de mis éxitos. En la misma línea, he visto a muchos padres que cometen errores con sus hijas de los que todos podemos aprender. Obviamente estaría bien que nadie la regara con sus hijos, pero todos lo hacemos de vez en cuando. Lo importante es aprender de los errores y seguir adelante.

Así que bajo esa luz, déjame presentarte tres historias con moraleja.

Nicole, quince años, agresión a una maestra

Nicole había tenido problemas en la escuela por un buen tiempo. Casi a diario era contestona, altanera y jodona en general con sus maestros. Era bonita y popular y parecía creer que las reglas de la escuela estaban por debajo de ella. Al comienzo de una clase de inglés, estaba hablando con una de sus amigas cuando la maestra —una mujer joven que era nueva en la enseñanza y con la que Nicole ya había tenido agarrones en varias ocasiones— le pidió que se callara. Ella le contestó a la maestra que se jodiera. La maestra le pidió que se saliera del salón. Ella se negó. La maestra caminó hacia ella y le ordenó que se fuera. Lo hizo, pero no antes de darle una cachetada a la maestra.

Lo que hicieron sus padres

Los padres de Nicole llegaron echando tiros. Dijeron que, aunque no justificaban lo que Nicole había hecho, sí creían que la habían provocado. Desde su punto de vista, y en la versión de Nicole, la maestra había usado un tono agresivo y había invadido el espacio personal de Nicole, lo que la hizo sentir acorralada y humillada enfrente de sus compañeros. Su respuesta había sido instintiva y era simplemente la reacción por sentirse amenazada. Dijeron que pensaban que lo mejor era que la maestra se disculpara con su hija y que recibiera capacitación para controlar efectivamente a su grupo sin usar las técnicas de intimidación que evidentemente estaba usando.

Lo que debieron hacer

1. Dejarle claro a Nicole, inmediatamente, que su comportamiento era absolutamente inaceptable
2. Suspenderle inmediatamente todo tipo de privilegios
3. Ponerse en contacto con la escuela y concertar una reunión lo antes posible
4. En la reunión, asegurarse de que Nicole se disculpara con la maestra por su vergonzoso comportamiento
5. Negociar con la escuela y con las maestras un castigo severo apropiado

Tanya, dieciséis años, vandalismo

Tanya estaba con unas amigas un viernes por la noche, cuando todas decidieron que sería terriblemente divertido aventar piedras a la ventana de una tienda de autoservicio, porque la persona detrás del mostrador se negó a venderles cigarros. No consiguieron romper la ventana, pero sí cuartearon el vidrio, cuyo cambio representaba un gran gasto para el dueño. La policía aprehendió a las chicas mientras se alejaban de ahí, riendo y gritando por la divertidísima broma que acababan de hacer.

Lo que hizo su papá

Desde el principio, el papá de Tanya adoptó el punto de vista de que su hija simplemente había sido «cachada en un acto impulsivo», y que el acto había sido conducido por una chica más grande del grupo. Cuando supo que su hija había sido parte del grupo, no aceptó que fuera tan culpable como las demás chicas. Como era de esperar, contrató a un abogado muy astuto, que argumentó con éxito que, ya que era imposible probar quién había lanzado las piedras, Tanya no podía considerarse responsable. El abogado ganó, y a Tanya no le levantaron cargos, no tuvo que pagar ninguna reparación y podía seguir con su vida felizmente.

Lo que debió haber hecho

1. Informarle a Tanya que, aunque ella no hubiera lanzado ninguna piedra, si se quedó ahí viendo y riendo también era su culpa
2. Asegurarse de que Tanya se disculpara completa y sinceramente al dueño de la tienda de autoservicio
3. Asegurarse de que Tanya pagara su parte de los daños. (Esto significaría que tenía que buscar un trabajo y ganarse el dinero ella misma)
4. Cuando, y sólo cuando, hubiera pagado, podía seguir con su vida felizmente, y espero que más prudentemente

Yasmin, once años, robo en tiendas

Yasmin había batallado para encajar en su nueva escuela, y un día fue con una de las «chicas malas» de su generación a una tienda departamental y la agarraron robándose un perfume. El detective de la tienda las había visto actuando sospechosamente durante diez minutos antes de que escondieran el perfume en sus mochilas. Las arrestó antes de que salieran de la tienda. Cuando llegó su papá, Yasmin estaba llorando y, evidentemente, creía que iba a ir a la cárcel.

Lo que hizo su papá

Básicamente, nada. Estaba tan perturbado por verla tan perturbada que simplemente la abrazó, le dijo que todo iba a estar bien y se la llevó a casa. En el camino se detuvieron en McDonald's porque quería sacarle de la cabeza este evento angustiante. Trató de hablar con ella en el carro, pero ella empezó a llorar otra vez, así que él simplemente dejó que el asunto se deslizara suavemente en la cálida y reconfortante ignorancia voluntaria.

Lo que debió haber hecho

1. Confirmarle que no iba a ir a la cárcel, pero que la situación era muy seria, y que estaba molesto con ella y que se había decepcionado a sí misma
2. Hacer que se disculpara con el jefe del departamento de la tienda.
3. Instituir un castigo apropiado (por ejemplo, pérdida de privilegios como tiempo de computadora o tiempo de televisión)
4. Una vez que las cosas se calmaran, hablar con ella de sus problemas en la escuela, y ayudarle a pensar por sí misma por qué se dejó enganchar en el robo de tiendas (probablemente porque estaba tratando de impresionar a la otra niña) y que debió haberlo hecho de otro modo

5. Decirle que todos cometen errores pero que lo importante es aprender de ellos y seguir adelante

DATOS RELEVANTES DE CHICAS MALAS
✓ No entres en pánico
✓ No te enojes demasiado
✓ Déjala sentir las consecuencias completamente
✓ Busca un abogado prudente, no uno astuto
✓ Modela el respeto
✓ La compasión es buena; la compasión idiota no lo es tanto

23

Separación y divorcio: cuando el amor del bueno sale mal

ALGUNAS PERSONAS nunca deberían conocerse, nunca deberían tener una primera cita y, si la tienen, definitivamente no deberían tener una segunda cita. Hemos visto incontables ejemplos públicos con las relaciones de varias celebridades que se consumen en la televisión nacional y es mucho peor cuando sus hijos se ven envueltos en esa locura. Sin embargo, esto no es nada nuevo, porque los adultos se han portado como idiotas desde tiempos inmemoriales. Unos padres peleoneros llevaron al rey Salomón a sugerir que partieran a un bebé en dos para solucionar una disputa de custodia. Se dice que fue un acto increíblemente sabio, pero también es posible que el viejo rey Salomón estuviera un poco chiflado y harto de sus lloriqueos.

Yo también he conocido padres en guerra, si a ellos se les hubiera presentado la elección, casi con toda seguridad hubieran empezado a discutir quién se quedaba con la mitad de arriba.

Después de muchos años de trabajar en la Corte Familiar, conseguí entender por qué el rey Salomón llegó al punto que llegó. Con la diferencia de que yo no quería partir a los niños tanto como abofetear a sus padres hasta que perdieran el sentido. Hubiera aplaudido y aclamado si tan sólo una vez, en medio de las audiencias insignificantes y ridículas de la Corte Familiar, el juez les hubiera dicho a los padres que cerraran el hocico, maduraran de una vez por todas y arreglaran sus problemas de mierda.

Ningún juez lo hizo, y es probable que nunca lo hagan, pero garantizo que tendrían ganas de decirlo.

Lo he visto en sus ojos.

Más papás obtienen la custodia exclusiva o compartida de sus hijas

La historia es una cosa chistosa: parece que da una vuelta y otra vuelta y otra, y no aprendemos nada. Durante los noventa, un montón de grupos de padres se levantó para defender el derecho de los papás contra lo que veían como un sistema predispuesto en favor de las madres. Aunque es cierto que es más probable que las madres se queden con la custodia de los hijos, no siempre fue así. Por ejemplo, en Estados Unidos a principios del siglo xix era una práctica común que se le otorgara la custodia al padre para que pudiera tanto proveer a los hijos como velar por su educación religiosa y secular, y hasta que comenzó la revolución industrial, que sacó a los padres de la casa para llevarlos a las fábricas, la balanza empezó a cambiar. Las madres se quedaron cada vez más a cargo de los niños durante el día, y fue entonces cuando empezó a afianzarse el concepto de «lazo materno». Una vez que se afianzó, lo hizo con tal fuerza que por un tiempo el péndulo osciló en el lado opuesto, en el que las madres rutinariamente obtenían la custodia de los hijos en la mayoría de los casos.

Los grupos de derechos de los padres nacieron por la sensación de frustración de que a los hombres no se les daba una oportunidad igualitaria para jugar un papel activo en la vida de sus hijos. Esta postura se respaldó en un creciente aparato de investigación de los ochenta y los noventa, que mostraba que los padres son tan capaces como las madres de proveer a sus hijos de cuidado y bienestar. El panorama científico desarrollado ahora demuestra claramente que los resultados en los niños son en gran medida los

mismos, ya sea que vivan con su madre o con su padre. Hay algunas diferencias menores en los resultados de aspectos particulares en los ajustes posteriores, pero el gran panorama es que —en
general— a los niños les va igual de bien con sus papás que con sus
mamás. Hay estudios que dicen que los niños que viven en casa del
papá corren más riesgo de algunas cosas, pero para contrarrestar,
los mismos estudios muestran que los niños que viven en casa de
la mamá corren más riesgo de otras cosas. No voy a enlistar todas
esas cosas aquí porque sólo confunden y, creo yo, son innecesa-
riamente preocupantes, porque las tendencias marcadas no son
realmente tan importantes. Ese tipo de cosas es generalmente la
prueba contundente que la gente usa para defender sus argumentos frente al juez de la Corte Familiar.

No les prestes mucha atención cuando las oigas. Desde mi punto
de vista, lo importante es que, después de que todas las idas y veni-
das se hayan ido y venido, los papás son tan capaces de cuidar a sus
hijas y a sus hijos como las mamás.

Qué los lastima más

Lo que sí sabemos —y lo sabemos contundentemente y sin sombra
de duda— es que lo que más lastima a los niños es estar expuestos
a los conflictos de los adultos. No se necesita mucho cerebro para
darse cuenta, pero constantemente me sorprende cuántos padres
que dicen que quieren a sus hijos cariñosamente los exponen a niveles de conflicto absolutamente horribles, sólo para decidir quién
tiene la razón y quién no. Recuerdo que Oprah Winfrey una vez dijo:
«¿Quieres tener razón o quieres ser feliz?». No hay duda de que si
expones a tus hijos a los conflictos de los adultos los vas a fastidiar.
También los pones en una situación de mayor riesgo de todo tipo
de comportamientos antisociales y autoagresivos. Normalmente, no

trato de hacer que los padres se sientan culpables, pero si tú juegas algún papel en que tus hijos estén expuestos a esta clase de mierda, entonces deberías sentirte culpable.

Reglas de oro de las separaciones sanas

Estas son mis sugerencias sobre cómo manejar mejor su separación cuando hay niños involucrados. Una vez más, usualmente no le digo a la gente cosas como: «Si no lo haces así tu hijo saldrá dañado», pero en esta área hago una excepción de la regla. La razón es que la ciencia está evidentemente de mi lado y es una de esas áreas raras de la psicología en la que todos estamos de acuerdo; además, he visto que muchos niños son miserables porque sus padres no pueden arreglar sus problemas. Así que hazlo a mi modo:

1. Los mejores intereses de los niños son lo primordial
2. Hagas lo que hagas, tienes que asegurarte de que lo que te motiva siempre son los mejores intereses de tus hijos. A veces puede ser difícil ser objetivo en esto, pero tienes que esforzarte para lograrlo. Pide consejos objetivos y escúchalos.
3. Mantén los conflictos lejos de los niños
4. Si no los haces los *vas* a lastimar, y te estarás comportando como un imbécil inmaduro y egoísta. Así que no lo hagas.
5. Si su mamá es la que empieza el conflicto, muéstrate superior y no caigas en la trampa
6. No importa lo que te lance, mantente firme y ten en cuenta el hecho de que no importa lo que diga o haga, lo único que importa es que eres un buen padre y que no te involucres en peleas insignificantes.
7. Cerca de tu hija, siempre sé positivo en lo que dices de su mamá

8. Nunca menosprecies a su madre. Incluso si tienes razones —*especialmente* si tienes razones— nunca menosprecies a su madre. No es nada bueno para tu hija que critiques a su mamá.
9. Esfuérzate en construir una sólida relación de crianza compartida con su madre
10. Puede que no se caigan muy bien, pero seguirán siendo padres de tu hija mientras ambos estén vivos, así que hazte fuerte y haz todo lo posible para que tu hija vea que tú y su mamá son todavía los pilares estables de su mundo.
11. Pon en orden cualquier propiedad matrimonial tan pronto y con tanta justicia como puedas
12. Si la madre de tu hija te dejó, esta puede ser una forma de «vengarte» de ella. No lo hagas. Métete en ello, ponle orden y después ambos pueden seguir con sus respectivas vidas tan pronto como puedan.

Lo más importante es que vas a tener que esforzarte para asegurarte de que las cosas de adultos se queden entre los adultos y las cosas de niños entre los niños. Puede que se odien el uno al otro, pero tienen una responsabilidad más grande con sus hijos. No puedes darte el lujo de regodearte en la autocompasión y el enojo: eres un papá. Regodéate en ello cuando tu hija no esté cerca. A veces uno tiene que regodearse un poco, porque es la única forma de sobreponerse, pero siempre recuerda que es veneno para tu hija. Antes que nada eres un papá y los papás protegen a sus hijos de las cosas malas. Es tan sencillo como eso.

Mamás valemadres

La idea de que el lazo materno es sagrado e irrompible es bonita, pero tristemente no siempre es así. Justo como hay papás valemadres que abandonan a sus hijos, también hay mamás irresponsables. Puede ser un término un poco duro, pero yo no lo creo. Yo creo que si abandonas a tus hijos eres un valemadres, simple y sencillo. La gente da todo tipo de razones por haber abandonado a sus hijos, pero ninguna realmente importa. Lo único que importa es que tienes niños que fueron abandonados por una de las dos personas en el mundo con las que debían haber contado.

A veces las mamás valemadres abandonan a sus hijos descaradamente, y otras lo consiguen abandonándolos emocionalmente. Puede que todavía vea a tu hija de vez en cuando, pero cuando lo hace lo hace al azar, con muchas promesas no cumplidas y decepciones, se cultivarán esperanzas que se destrozarán después sin razón aparente. Este tipo de mamás usa cualquier tipo de excusa, pero al final el resultado es el mismo: tu hija se siente rechazada y decepcionada una vez más.

Si te encuentras en esa posición, aquí están mis sugerencias de qué hacer para ayudar a tu hija a lidiar con esta difícil situación.

- Hablen. Lo bueno de las chicas es que tienden a hablar de lo que sienten, así que déjala hablar
- Recuerda que es posible que no quiera resolver el problema. Los hombres tienden a tener un acercamiento a las conversaciones de problemas con una orientación de «cómo lo resolvemos». Está bien, pero puede que a veces ella sólo quiera hablar de lo que la hace sentirse mal. Dale espacio para hacerlo cuando lo necesite.
- Hazle saber que sabes que la cosa apesta. No critiques a su mamá, pero haz que ella sepa que entiendes que no tener una mamá cerca apesta de verdad

- Sigue haciendo las cosas básicas. A la mayoría de los niños le gusta las rutinas y las reglas, y le pueden ayudar a tu hija a saber que, aunque su mamá no esté ahí, la vida sigue como antes
- Los problemas no son excusas. También es importante que entienda que sentirse mal por el comportamiento de su mamá no es una excusa para que ella misma se comporte mal. Tiene que saber que es responsable de su propio comportamiento, así como su madre es responsable del suyo
- Asegúrate de que sepa que tú siempre estarás ahí y que siempre vas a estar de su lado. Díselo una y otra vez
- Abrázala y dile que la quieres tanto como puedas. Asegúrate de que sepa que su mamá puede no estar, pero que estás tú, y que sabes qué persona tan sorprendentemente especial es

Para un padre es difícil y doloroso ver que un hijo sufre, sin importar cuál sea la causa. Probablemente te haga sentir enojado y quieras decir cosas desagradables de su madre. Lo entiendo completamente, pero no lo hagas. A ella no le ayuda; sólo le harás más profunda la herida. Sólo tienes que estar ahí para ella. Es todo lo que debes hacer. Sólo tienes que estar ahí.

Presentando a tu nueva «amiga especial»

Esto se parece a un campo minado, porque si quieres que una nueva persona entre en tu vida puede ser el inicio de todo tipo de asuntos. El truco es practicar un poco de tacto y diplomacia, y tratar, en la medida de lo posible, de dar bien el paso. Estos son mis consejos para llevar a tu nueva «amiga especial» a tu vida y a la de tu hija.

- *Espera hasta que la relación sea lo suficientemente seria para que se justifique el estrés potencial que puede ocasionar:* No ganas nada presentándola con cada «amiga especial» con la que salgas. Usualmente se generan problemas si ella ve a un montón de gente yendo y viniendo
- *Es mejor ir despacio:* Es sólo cuestión de sentido común que el mejor abordamiento es poco a poquito. Preséntale a la persona nueva con cuidado y entiende que todos van a necesitar tiempo para adaptarse
- *Ten claros los papeles con tu nueva pareja.* La nueva no es una mamá nueva, y no debe actuar o incluso pensar así. La nueva es la nueva, y debe ser tratada con el mismo respeto que cualquier visita de la casa; cualquier otra cosa tiene que ganarse. Asegúrate de que tu pareja comprenda que tú eres el padre y que va a pasar un tiempo antes de que ella pueda opinar en los asuntos familiares
- *Prepárate para la reacción:* Es probable que para tu hija sea difícil que alguien nuevo entre en la familia, particularmente alguien que ella pueda pensar que trata de reemplazar a su mamá. Tanto tú como tu nueva pareja deben estar preparados para esto
- *Sé tolerante, pero no seas un saco de boxeo:* Tu hija puede enojarse o entristecerse, pero aún tiene que mostrarte el mismo respeto que siempre te ha mostrado. Tiene que entender y aceptar que tienes derecho a tener una vida propia. Puede tomar un poco de tiempo, así que mientras, deja que esté enojada, pero no que sea grosera

Una cosa que nuestros hijos a veces entienden con dificultad es que nosotros también tenemos derecho a vivir una vida propia. Claro, nuestros deberes primordiales son ellos; pero eventualmente se van a ir de casa y nosotros nos quedaremos con lo que quede cuando se hayan ido. Las «amigas especiales» son geniales, y todo puede salir bien, sólo tienes que asegurarte de mostrar sensibilidad y tacto cuando se la presentes.

DATOS RELEVANTES DE
SEPARACIÓN Y DIVORCIO

✓ Exponer a los niños a los conflictos de adultos es dañino

✓ El bienestar de los niños debe ser la consideración más importante

✓ Los niños siempre deben permanecer fuera de cualquier conflicto

✓ Es importante hablar siempre positivamente del otro padre, aun si el otro no lo hace

✓ Es crucial esforzarse para construir una buena relación de crianza compartida

✓ Si tienes una nueva «amiga», pon atención en cuándo y cómo la presentas en la vida de tu hija

24

Toma una dosis de papá dos veces al día: porque eres la mejor vacuna que ella tiene

ESPERO QUE A LO LARGO DE LOS ÚLTIMOS CAPÍTULOS hayas notado algo. Recuerda lo que las investigaciones recientes nos dicen que pone en mayor riesgo a las chicas en cosas como trastornos alimenticios, depresión y ansiedad, problemas en la escuela, comportamiento sexual temprano, delincuencia y otras cosas espantosas, y encontrarás los mismos sospechosos dando vueltas en el patio trasero. Casi siempre aparecen los mismos factores subyacentes cada vez que les pasan cosas malas a las chicas:

- Padre ausente
- Conflicto con los padres
- Conflicto entre los padres
- Disciplina pobre en la casa
- Padres sobrecontroladores o sobreprotectores
- Padres desinteresados en su vida
- Baja autoestima
- Pensamientos o sentimientos negativos

Recuerda que no saqué estas cosas de un sombrero para llenar páginas: son cosas que las investigaciones de las últimas cuatro o cinco décadas han confirmado una y otra vez. Es cómodo tomar las cosas de este modo, porque mientras que los asuntos en sí mismos pueden ser complejos y multifacéticos, la respuesta a cómo puedes protegerla mejor parece ser bastante simple.

Creo que fue Einstein quien dijo debemos «hacer las cosas lo más simples posible, pero no más simples». Chico listo. Los investigadores y los médicos probablemente sigan debatiendo para siempre los mínimos detalles de las causas del desarrollo de trastornos alimenticios en las chicas, o por qué se deprimen o empiezan a tener sexo a los trece, pero nada de eso les debe importar a ti y a tu hija. Lo único que importa es que ahora sabes qué tienes que hacer para vacunarla contra todas esas cosas.

Para que conste, y las puedas marcar en tu propia lista, aquí están mis consejos para que lo hagas:

1. *Involúcrate en su vida:* Es fundamentalmente importante que te involucres en su vida, y que ella piense que estás interesado en ella y en su mundo. Las niñas quieren que sus papás se interesen en ellas, no que se retiren cuando todo se vuelva más confuso

2. *Hazla sentir amada:* Es obvio, lo sé. Y ya sé que lo dije antes, pero es tan importante que lo voy a repetir: hazla sentir amada. Es simplemente la cosa más poderosa que puedes hacer por ella, y la ayudará a mantenerse a salvo a través de todo tipo de procesos

3. *Modela relaciones respetuosas con las mujeres:* Tú serás su primer y más importante maestro para enseñarle lo que debe esperar de los hombres. Tienes que ser el tipo de hombre con el que te gustaría que se casara. Es un lugar común como consejo, pero no por eso es menos cierto. Si estás con su mamá, sé un buen hombre. Si están separados, sé un buen hombre y trata a su mamá con respeto 100% del tiempo. Si estás con alguien más, trátala con respeto. Tú hija va a observarte para ver cómo se hace, así que enséñale

4. **Ponle reglas:** Tal como todos nosotros, ella necesita reglas y límites. Esto significa inevitablemente que habrá momentos en los que te diga que no le agradas mucho. Está bien; siempre te amará, y eso es lo que de verdad importa. Las reglas son lo que haces para mantenerla a salvo. Las reglas son la forma de enseñarle que los actos tienen consecuencias. Las reglas son la forma de demostrar que la amas

5. **Dale espacio para crecer:** Esta es la acción que equilibra lo anterior, el otro lado de la moneda. Justo como necesita reglas y límites, y alguien que la cuide, también necesita espacio para deambular por el mundo y encontrar cosas por sí misma. Puedes protegerla de muchas cosas, pero no de todo, así que tiene que probar la vida antes de que parta a la suya. Esto es difícil, pero también es importante. No tendrás razón todo el tiempo, pero eso está bien porque nadie puede tenerla. Sólo puedes hacer lo mejor que puedas

6. **Ayúdala a manejar los sentimientos difíciles:** Es mucho más fácil de lo que suena. La mayor parte sólo es escucharla, *realmente* escucharla, no sólo sentarte con ella en silencio. Otra parte es ayudarla a entender lo que los jóvenes tienen que aprender: que eventualmente todas las cosas pasan. Con el tiempo, la mayoría de las heridas sana, e incluso las que nunca sanan del todo se convierten en una cómoda cicatriz

7. **Enséñale a creer en sí misma:** La mejor forma de hacerlo es moldeándolo. Si tú crees en ella, entonces ella también lo hará. Esto no significa que tienes que creer ciegamente en que va a resolver las cosas por sí misma. Significa que crees que, con un poco de tiempo, un poco de ayuda y algo de prueba y error, al final lo logrará. Si le dices que crees en ella, entonces ella también lo hará. Va a haber muchas ocasiones en las que se sienta perdida y confundida, como nos pasa a todos, pero en esos momentos,

tu trabajo es sentarte tranquilamente con ella y decirle que sólo necesita seguir adelante y lo resolverá. Siempre lo hace

Ya ves, el libro completo se resume a cuatro páginas. Qué lástima que no leíste esto primero ya que hubieras podido saltarte todo lo demás, ¿no?

DATOS RELEVANTES DE
TÚ ERES SU MEJOR VACUNA

✓ Involúcrate en su vida

✓ Hazla sentir amada

✓ Modela relaciones respetuosas con las mujeres

✓ Ponle reglas

✓ Ayúdala a manejar los sentimientos difíciles

✓ Dale espacio para crecer

✓ Enséñale a creer en sí misma

25

Cómo ser un papá genial

Cuando escribí la versión de las mamás de este capítulo en *Mothers Raising Sons (Madres que crían hijos)*, era mucho más larga y tenía un montón de puntos clave. Se me ocurre que unas feministas que vieran ambos libros probablemente sacarían la conclusión de que, una vez más, los hombres tratamos de hacer que la crianza sea más difícil para las mamás que para los papás. Supongo que es posible —la mayoría de las cosas es posible después de todo— pero no lo hice conscientemente. Más bien, simplemente creo que es distinto. A los niños les interesa hacer cosas, les gusta hacer cosas. A las niñas, por otro lado, parece que les gusta estar por ahí y sentir que les interesan a sus papás.

También hay otra diferencia, porque a las mamás les dije que este capítulo era opcional, como un postre. Nada era esencial, pero haría las cosas más divertidas. Para los papás es un poco diferente porque creo que muchas de estas cosas *son* esenciales. Creo que todas son obligatorias. Así que para asegurarme de que no te sientas agobiado con un montón de cosas que tienes que hacer, lo resumí todo en tres simples cosas (sí, ¡tres!) que tienes que repetir una y otra vez, tantas veces como puedas, durante todos los días de su vida.

1. Invítala a tu vida

Para hacer que las niñas se sientan especiales, tienes que invitarlas a tu vida. Te amará igual si no lo haces, pero ese amor estará matizado con una ligera tristeza, un sentimiento apenas perceptible de que nunca supo quién eras en realidad. Pero si la invitas, te conocerá por completo. Ni siquiera es muy difícil de hacer, porque lo que quiero decir es literalmente invitarla a tu vida. Llévala contigo al trabajo de vez en cuando. Si trabajas en una oficina, deja que suba en elevador y que gire en tu silla. Si manejas un camión, deja que viaje contigo en la cabina de vez en cuando. Si trabajas en una bodega, deja que suba en el montacargas y que se pasee por los pasillos. (Obviamente tienes que hacerlo con cuidado y cuando los nazis de seguridad no estén viendo.) Cualquiera que sea tu trabajo, va a pensar que está de maravilla.

Si eres músico, deja que escuche a tu banda, o a tu orquesta, o cualquier cosa que hagas. Si eres cazador, o pescador, o excursionista, llévala contigo a disfrutar el aire libre. Haz que lleve botas y suéteres de lana y guantes y bufandas y vean el amanecer en un río o una montaña. Ella recordará días como esos para siempre. Deja que vea cómo haces muebles en el cobertizo, si eso es lo que haces. Deja que te pase la llave de cruz si te gustan los carros. Cualquiera cosa que sea lo tuyo, llévala contigo y enséñale lo que te apasiona.

Llévala a tomar café y a conversar, o a comer pescado con papas y a conversar. Llévala contigo cuando vayas a comprar el periódico el domingo en la mañana. Ve a pasar tantas fiestas con ella como te lo permitan el tiempo y el dinero. Esas son las cosas que ella recordará.

Lo que sea que hagas, donde sea que lo hagas, invítala tan frecuentemente como puedas.

2. **Visítala en su vida**

Como dije antes, no te tienes que pasarte la vida en las fiestas de té, pero tienes que ir de vez en cuando. (Puede que te sorprenda lo divertidas que pueden ser. Por supuesto que sólo lo supongo, ya que nunca he ido a una, sólo digo que es posible.) Conforme crezca, es importante que encuentren cosas que puedan hacer juntos, y es importante que por lo menos una de esas cosas sea elección suya. Si le interesan los deportes y la música es mucho más fácil, porque puedes ser el papá que siempre está ahí para todos los juegos, el papá que va a todos los conciertos. Lo que sea que le interese, interésate tú también. Es obvio, lo sé, pero te sorprendería cuántos padres tienen cosas más importantes que hacer que ir al partido de futbol de su hija.

Nadie es perfecto, todos nos distraemos con nuestras propias vidas y nuestros trabajos. Ayer, me perdí el partido final de la temporada de mi hijo más pequeño porque tenía que escribir este libro. Perdieron 2-1, y aparentemente fue un juego muy cerrado porque ninguno de los dos equipos había perdido ningún juego en la temporada. Esta es la cuestión, el trago amargo: ya sé que cuando sea viejo, cuando él se haya ido a hacer su propia vida y esté haciendo sus propias cosas, me sentiré mucho peor por no haber ido a ese partido que por no haber entregado este libro a tiempo.

Conforme tu hija crezca, sus intereses cambiarán, y tú debes cambiar con ellos. Cada tanto tendrás que llevarla de compras una mañana y sufrir la muerte en vida de las tiendas de zapatos. Sin embargo, no hay modo de zafarte, porque tiene que ser así. Además, después de eso puedes sentarte con ella, tomar un café y platicar de las idas y vueltas de su vida.

Seguro que eso vale ver algunas tiendas de zapatos, ¿no?

3. Son las cosas pequeñas las que importan

Si lo piensas, los momentos de nuestra vida que brillan más intensamente siempre se tratan de cosas pequeñas. Puede ser un recuerdo
de ella riéndose de un payaso a los cuatro años, o un día de pesca
con un amigo, o cuando tu propio padre te dijo alguna cosita y te
hizo sentir como el más grande hombrecito de la Tierra. También
es así con ella, porque las cosas pequeñas siempre son las que
recordamos. Hazle bromas, abrázala tanto y tan seguido como
puedas, cántale canciones tontas, déjale notitas donde le digas
qué orgulloso estás de ella, todo esto y cualquier otra cosa que
se te ocurra. Obviamente no tienes que hacerlo todo el tiempo,
porque probablemente la volverías loca, pero asegúrate de rociar
pequeños momentos mágicos a lo largo de su vida. Van a llenarla
tanto a los treinta y cinco como lo hacían a los cinco.

DATOS RELEVANTES DE
CÓMO SER UN PAPÁ GENIAL

✓ Invítala a tu vida

✓ Visítala en la suya

✓ Recuerda siempre que son las cosas pequeñas las que importan

26

Zombis y tacones altos (retomando)

Así es como quieres que sea. Nadie podría haber previsto el fin del mundo como lo conocemos, excepto, por supuesto, la gente que se hubiera pasado los últimos treinta años viendo películas de zombis. Ellos sólo hubieran asentido con la cabeza y hubieran dicho: Sí, claro, obvio.

Sin embargo, la mayoría ya estaría muerta, se la hubieran comido viva las hordas de muertos vivientes, quienes, justo como Romero predijo tantos años atrás, sentían debilidad por los cerebros humanos.

Pequeños grupos de sobrevivientes consiguieron encontrar un lugar seguro. Algunos en edificios de oficinas, algunos en botes y otros en centros comerciales. Eso fue lo que hizo tu hija. Ella supo inmediatamente que todo se venía abajo y, en lugar se sentarse como un mono drogado a esperar la muerte, se subió a un camión y manejó en medio de los muertos ambulantes hasta este lugar: la súper plaza.

En el camino, recogió a otros pocos: una mujer embarazada, un policía, un motociclista, un viejo con su esposa y un tipo que parecía ganarse la vida vendiendo bienes raíces riesgosos a los viejos.

Todo había ido bien al principio, porque metieron el camión en el almacén de entregas, volaron el candado con la pistola Glock calibre 40 del poli, se metieron y atrancaron la puerta justo antes de que los zombis de dientes podridos empezaran a arañarla con sus dedos en descomposición.

Steve, el tipo de los bienes raíces riesgosos, se había sentado y estaba limpiándose la cabeza con un pañuelo manchado de amarillo mientras que los demás se pararon a su alrededor con apariencia aturdida.

Ahora es cuando tu hija toma el mando, porque sabe que cuando uno está rodeado de miles de zombis carnívoros no hay tiempo para quedarse parado sintiendo lástima de sí mismo.

—Antes que nada, tenemos que dispersarnos y revisar que el lugar esté vacío —dice—. Asegurémonos un perímetro seguro antes de empezar a relajarnos.

El motociclista, que tiene la peor actitud contra las mujeres que jamás encontrarán, sólo se ríe nerviosamente. (Nada atractivo en un obeso hombre seboso vestido con piel.)

—Escúchenla. ¿Por qué no le bajas a tu tren, zorra?

Tu hija, que no se toma esas cosas a la ligera, no deja pasar la oportunidad. Camina directamente hacia él y se le inclina tan cerca que puede ver cómo le sale el sudor.

—¿Oyes eso? —le pregunta—. Es el ruido que hacen miles de bichos hambrientos cuando están perdiendo la monstruosa cabeza, están rascando y masticando cualquier cosa que les permita pasar hasta aquí, porque lo único que quieren hacer es despedazarte mientras gritas. Así que, ¿crees que tenemos que bajarle, o crees que tenernos que revisar que todas las puertas y ventanas estén cerradas?

El motociclista traga saliva, pero no dice nada.

—Eso pensaba —dice ella—. Hay que dispersarnos.

No toma mucho tiempo. Mientras revisa el fondo de una gran ferretería, escucha un grito y dos disparos. Más gritos.

—Mierda.

Toma el hacha que agarró cuando entró a la ferretería y corre hacia la terraza del centro comercial. Como era de esperar, uno de los zombis hambrientos está sentado a horcajadas sobre el tipo de los bienes raíces riesgosos arrancándole la garganta con los dientes. La sangre rocía el piso blanco de mármol como malos efectos especiales. La embarazada está paralizada contra la fuente, congelada de miedo. Los gritos provienen del motociclista, que sólo está parado ahí, como un muñeco grande y grasiento.

Con el rabillo del ojo, tu hija ve al policía.

—¡Dispárale! —grita.

El policía apunta su Glock y dispara dos veces, ambas golpean al muerto viviente en el cuerpo. Lo único que eso hace es encabronar al zombi, que se da la vuelta para ver al policía, escurre sangre y deja las sobras del tipo de los bienes raíces riesgosos en mal estado. El policía dispara de nuevo, golpeando el centro muerto del zombi tres veces más.

—¡No! —grita ella, pero ahora el policía no la escucha porque, casi más rápido que la vista, el zombi se levanta y corre hacia él a toda velocidad.

Ella sabe qué va a pasar, lo ve en cámara lenta, mientras voltea hacia el policía. La criatura le pega a toda velocidad, golpeando la Glock, que cae al piso dando vueltas, y ambos caen en un enredo de miembros y dientes. Hay más gritos y más efectos especiales malos.

Sin perder tiempo, tu hija corre hacia ellos, levantando el hacha.

—¡Hey, monstruo! —grita.

El zombi mira hacia arriba, y el hambre desnuda en sus ojos es suficiente para que casi pierda la concentración.

Casi, pero no la pierde.

Ella baja el hacha en un único arco poderoso y le abre la cabeza de un golpe, haciendo una mueca cuando una baba roja rocía su cara.

El zombi cae muerto, esta vez *muerto* muerto. Muerto se-fue-y-nunca-volverá.

Ella se queda ahí, jadeando, tratando de recuperar el aliento.

—¡Mierda! —dice una voz detrás de ella, el motociclista—. Lo mataste.

—Tienes que destruirles el cerebro —dice ella—. Dispararles en el pecho no los detendrá. Tienes que dispararles en la cabeza.

—¿Dónde aprendiste eso? —le pregunta, ligeramente intimidado por lo que acaba de ver.

Ella voltea para verlo de frente, chorreando sangre y cerebro de zombi, pero con los ojos fuertes y claros. Entonces sonríe y dice simplemente:

—De mi papá.

¿No sería genial?

Carajo, claro que, sería genial.

Pues ponte a trabajar, tienes una hija que educar.

Buena suerte.

Padres que crían hijas de NIGEL LATTA
se terminó de imprimir y encuadernar en mayo de 2012
en Quad/Graphics Querétaro, S.A. de C.V.
lote 37, fraccionamiento Agro-Industrial La Cruz
Villa del Marqués QT-76240